Vivre aujourd'hui
avec Socrate, Épicure, Sénèque

et tous les autres

ROGER-POL DROIT

Vivre aujourd'hui
avec Socrate, Épicure, Sénèque

et tous les autres

Les ouvrages du même auteur figurent en fin de volume.
(voir www.rpdroit.com pour plus d'informations)

© ODILE JACOB, OCTOBRE 2010
15, RUE SOUFFLOT, 75005 PARIS

www.odilejacob.fr

ISBN 978-2-7381-2520-0

À la mémoire de Pierre Hadot
(1922-2010)

« Au fond, il n'y a qu'un tout petit nombre
de livres antiques qui aient compté dans ma vie ;
les plus célèbres n'en font pas partie. »
Friedrich NIETZSCHE, *Le Crépuscule des idoles* (1888),
« Ce que je dois aux Anciens ».

INTENTION

Ce livre est une promenade dans l'Antiquité, selon un itinéraire subjectif et libre de toute contrainte. Ce n'est donc ni un travail de recherche ni un essai académique.

Le but de cette promenade : chercher auprès des Anciens des règles de vie et de pensée qui nous manquent.

Pas question de demander à Socrate de quel côté dormir, à Épicure ce qu'il faut manger le matin, à Sénèque comment gérer ses économies.

Je propose plutôt d'approcher autrement quelques expériences d'existence et de pensée, centrales pour les Grecs et les Romains. Chacun, aujourd'hui, peut s'en inspirer pour élaborer son trajet personnel.

Tandis que les mutations en cours tendent à faire oublier les humanités, les rencontres avec l'humanité antique doivent se multiplier. Car ces périples dans le passé conditionnent, en grande partie, notre avenir.

Colorer le marbre

Et duplices tendens ad sidera palmas.
« Tendant vers le ciel ses deux paumes... »

Quand je prononce ces mots, j'ai treize ans. Me voilà debout sur l'estrade, récitant des vers de Virgile appris par cœur. Ceux-là prennent place au début de l'*Énéide*. Le héros se trouve pris dans une effroyable tempête. Frissonnant, il supplie, implore, gémit, évoque ceux des siens qui moururent au combat, d'un plus glorieux trépas qu'une noyade glacée. Il regrette de n'être pas mort en luttant et se désole du sort obscur qui le menace...

Nous avions, chaque trimestre, des compositions de récitation latine. Chacun son tour, nous tirions au sort un papier avec une référence, et nous allions déclamer bravement quelques lignes de Tite-Live ou de Cicéron, quelques vers d'Horace ou de Virgile – comme moi, ce jour-là.

Le même rituel se répétait, de trimestre en trimestre, d'année en année. Des compositions de récitation latine, nous en avions en classe de quatrième, de troisième, de seconde. Précision importante : je n'étais pas au lycée chez des prêtres ni dans une institution particulière. Jamais mon père n'aurait supporté que je fusse élève dans l'enseignement privé. La récitation latine n'était en aucune manière une étrangeté ni une incroyable exception. La scène se situe dans un lycée de la République, à Paris, il y a seulement quelques décennies.

Dans l'enseignement public, laïc, obligatoire et gratuit, je faisais ces compositions de récitation latine, mais aussi des versions latines, des thèmes grecs, des exposés sur les guerres puniques, la conquête des Gaules ou les comédies de Plaute.

Le latin, en ce temps-là, s'enseignait dès la sixième. Je l'ai donc commencé à dix ans. En quatrième, on pouvait ajouter le grec, qui me fit découvrir d'autres formes de lettres – à tous les sens : graphie différente, alphabet dissemblable mais aussi épopées, tragédies, discours politiques – plus tard, textes philosophiques.

Pourquoi commencer par ces bribes de souvenirs ? Je n'ai aucun goût pour les Mémoires, et préfère que les anecdotes, comme il se doit, sombrent dans l'oubli. Nostalgie ? Même pas. J'ai conscience que les temps ont changé : pareille époque se trouve révolue, définitivement. Inutile, donc, de plaider pour un retour à ces pédagogies. Ces temps-là ne sont plus, et je ne crois ni aux regrets ni aux résurrections.

Je crois, en revanche, aux écarts entre les moments de l'histoire, à la nécessité de les constater, à l'utilité d'en mesurer les effets. Quand leurs conséquences se révèlent néfastes, je crois indispensable de chercher comment y remédier. C'est pourquoi, en rappelant ces vieilleries, cet enseignement qui ressemblait plus au xixe siècle et aux récits de Jules Vallès qu'au rap d'aujourd'hui, j'ai voulu souligner, d'abord, une rupture.

Le lien rompu

Dans la continuité de nos rapports aux Anciens, quelque chose s'est rompu. Depuis deux ou trois générations, tout ce qui avait été transmis, vaille que vaille, pendant deux mille cinq cents ans se trouve laissé en friche, déserté par l'école. Dans les années 1960, on enseignait encore ce qui l'avait été – sous des formes différentes, certes, mais avec un résultat à peu près semblable – aux jeunes Grecs de l'Antiquité, aux jeunes Romains de l'Empire, aux étudiants du Moyen Âge comme à ceux des Lumières.

Car, comme chacun sait, Grecs et Romains ont constamment nourri l'imaginaire de la culture européenne.

Tournez-vous vers l'histoire, regardez où vous voulez… ils sont partout ! De la peinture jusqu'au cinéma, de Shakespeare jusqu'à Cocteau ou Giraudoux, en passant par Racine, Hugo et cent autres, vous les retrouverez constamment. Que ce soit chez Montesquieu ou Robespierre, chez Marx ou même chez Hitler, Grecs et Romains sont éternellement recomposés, tirés en des sens contraires, mais toujours reconnaissables.

Qu'on n'aille pas s'imaginer qu'ils survivent uniquement dans la peinture, le théâtre ou la philosophie. La présence des Anciens imprègne les mots de la langue, les plans des rues, les coutumes nationales, les systèmes juridiques, les noms de lieux, les toits des maisons, l'agencement des chemins et des cultures, les institutions, les fêtes et les contes populaires. Entre autres…

Mais cela se sait de moins en moins. La fréquentation permanente des œuvres antiques n'est plus l'affaire que de spécialistes en voie de disparition. Ces experts sont compétents, ils sont novateurs – la question est entendue. Aujourd'hui, les voilà même capables de découvertes que les siècles passés ne pouvaient pas envisager. Dans ce domaine aussi, la recherche progresse. La question est ailleurs : dans l'écart vertigineux désormais creusé entre les trésors des Anciens et le commun des mortels.

Pourtant, plus que jamais, ces œuvres devraient être fréquentées. Ce n'est pas leur accessibilité matérielle qui pose problème. Presque toutes sont disponibles en ligne, traduites dans les langues les plus usitées. D'innombrables éditions de poche permettent à ceux qui le désirent de vivre en leur compagnie, d'y découvrir des merveilles sans nombre et d'inépuisables possibilités de sagesse. Alors ? Ce qui manque : explications, incitations, attractions, stimulations. Affections, peut-être, tout simplement.

On trouvera dans les pages qui suivent quelques tentatives de ce genre. Objectif : permettre aux lecteurs de premières rencontres, ou de nouvelles perspectives. Aider à entrer en familiarité avec ces grands monstres éternellement vivants que sont les Anciens. Indiquer des pistes, tracer des itinéraires de courses au trésor, aménager de possibles rendez-vous. Sans être pour autant excessivement directif, afin que chacun conserve l'invention de sa trajectoire. Plutôt qu'un manuel ou un guide, on aimerait que ce libre parcours soit effectivement comme une promenade, informée mais subjective, parmi quelques thèmes et figures de l'héritage grec et romain.

Parce que les forces qui y résident demeurent indispensables à chacun d'entre nous. Elles sont même plus nécessaires encore, aujourd'hui, qu'il y a quelques décennies. Dans un monde complexe, conflictuel, angoissant, saturé de messages et d'images, nous avons un besoin de plus en plus aigu de puiser dans cette immense réserve d'expériences humaines, d'exercices spirituels, de règles de vie et de méthodes de réflexion que constituent les œuvres des Anciens. Or c'est justement au moment où nous en avons le plus grand besoin que nous nous trouvons privés de leur compagnie.

Multicolores et agités

Quel processus nous en a donc éloignés ? La nécessité d'enseigner les sciences dans un monde de plus en plus technique était certes impérative. Toutefois, cela n'a jamais empêché personne d'avoir des lettres. Le cumul est possible, il est souhaitable. Or il est devenu impraticable. Ce qui s'est passé est simple et triste : les mathématiques furent considérées comme un outil de sélection plus efficace, et surtout plus objectif, que les humanités. Objectif, parce que l'outil mathématique fut jugé socialement neutre au regard des héritages culturels et des inégalités sociales. Tous sont égaux, pensait-on, devant des équations à résoudre. Au contraire, commenter la bataille des Thermopyles et les hallucinations d'Oreste favorisait ceux qui – par chance, par héritage, par caste – pouvaient en entendre parler à table, à la maison, le dimanche.

Ainsi, avec la vertueuse intention de rétablir l'équilibre, d'en finir avec le handicap patrimonial des classes défavorisées, on a réussi à priver tout le monde – en premier lieu les défavorisés ! – des indispensables richesses humaines des Anciens. Or il n'est pas du tout vrai que seules mathématiques et formations scientifiques soient utiles dans le monde d'aujourd'hui et de demain.

Un directeur des ressources humaines, un entrepreneur, un ingénieur, un commercial pourraient certainement tirer profit – chaque jour ! – des tragédies de Sophocle, de la morale d'Épicure ou des stratégies de la guerre du Péloponnèse – tout autant, sinon plus, que de trigonométrie et de calcul des dérivés. Ces hommes d'action peuvent trouver là, en effet, constamment réadaptable, une puissance humaine, stratégique ou affective qui ne leur sera pas moins profitable, dans leur travail, que les données des sciences.

Ma conviction : les Anciens peuvent nous être, à chaque instant, du plus grand secours, dans des circonstances très diverses et très concrètes du quotidien. On en trouvera, dans ce livre, une foule d'exemples. Chaque lecteur qui s'y appliquera en trouvera, de lui-même, cent autres ou plus. La seule chose qui compte : changer de regard, ne plus voir l'Antiquité comme une chose morte, respectable et ennuyeuse, vaguement décorative mais inutile pour vivre dans le monde réel. C'est l'inverse.

Je crois, pour ma part, à une Antiquité colorée. Je l'imagine bien plus bigarrée, plus métisse, plus baroque et plus bruyante que nos représentations habituelles. Nous sommes accoutumés à imaginer les Anciens parmi les marbres blancs, les lignes épurées et les œuvres sobres. Cette froideur académique est une légende, un artifice fabriqué par notre histoire culturelle. Johan Joachim Winckelmann rêvait en Allemagne, à la fin du xviiie siècle, de la nécessité d'imiter « la noble simplicité et la calme grandeur » des Grecs et des Romains. Ceux-ci ne furent pourtant ni simples ni calmes.

Plutôt multicolores et agités. Un autre archéologue allemand, contemporain cette fois, Vinzenz Brinkmann, a repéré, au microscope, à la lumière frisante, les restes des pigments de couleurs sur les fresques, les bas-reliefs, les statues de l'Antiquité. Les reconstitutions qu'il propose aujourd'hui montrent que des bleus roi, des jaunes vifs, des rouges criards recouvraient le marbre blanc. Dans ses maquettes, les temples, les théâtres, les arcs de triomphe antiques ressemblent plus à Disneyland qu'au musée du Louvre.

Je ne sais pas si Vinzenz Brinkmann a raison ou non, je n'ai pas la compétence d'en juger. Cela m'est égal. En parlant d'une Antiquité colorée, je souhaite seulement faire image, suggérer qu'il nous faut aborder Grecs et Romains comme les habitants d'un monde vivant, charnel, imprévisible et multiple. Si nous voulons, autant que possible, tenter de vivre avec eux, commençons par nous défaire de quelques préjugés qui nous rivent au sol.

Non, ces gens-là ne sont pas des objets de musée, des momies académiques ni des acteurs de péplum. Cessons de les vénérer par principe, de les embaumer d'un respect convenu. Ils n'habitaient pas des salles de classe ni des étagères de bibliothèque, mais un monde violent, à la fois rude et raffiné, proche du nôtre par bien plus de traits que nous ne le croyons, et pourtant à des années-lumière de notre quotidien et de nos évidences.

Parmi les habitudes qui nous égarent, le cloisonnement des genres et des disciplines est central, mais n'a pas été assez repéré. Ainsi considérons-nous Socrate comme un philosophe, en quoi nous n'avons pas tort. Toutefois, nous commençons à faire fausse route quand nous ne le considérons *seulement* du point de vue de la philosophie. Une erreur de perspective nous rend attentifs seulement à sa « case » spécifique sur l'échiquier de l'histoire de la pensée occidentale.

Dans la réalité, cette case « Socrate » n'est pas coupée des autres. Nous avons tendance à les croire isolées parce que nous les étiquetons « tragédie », « comédie », « histoire » ou « politique ». Elles relèvent, pour nous, d'autres rubriques ou d'autres disciplines que la philosophie. Pour ma part, je suis convaincu que nous ne pouvons comprendre Socrate que si nous le relions à la réalité – multicolore et agitée – qui est la sienne.

Pas de Socrate sans la comédie, la tragédie, l'invention de l'histoire, les discours à l'assemblée et le bruit des guerres. On ne saisit les Anciens, à mes yeux, qu'en les reliant les uns aux autres, non en les séparant selon les normes de nos savoirs. Ce qui vaut pour Socrate est également valable pour Épicure, pour Sénèque, pour n'importe lequel des philosophes de l'Antiquité. Chacun d'eux est lié à « tous les autres » – non pas simplement aux autres philosophes, mais bien aux poètes, dramaturges, historiens, politiciens.

J'ai donc tenté de ne pas isoler les pensées. Au contraire, je me suis efforcé de restituer certains des liens qu'ont perpétuellement tissés les idées avec la parole poétique, le rire et les larmes du théâtre, les conflits armés, l'écriture de l'histoire. Sans doute est-ce la première leçon des Anciens : pour entendre le sens d'une pensée, mieux vaut se demander comment elle est vécue, dans quel paysage elle s'insère, à qui elle s'adresse et pour quoi.

Pour approcher aujourd'hui l'Antiquité grecque et romaine, il faut donc tenter d'inventer un nouvel imaginaire. Certes, cela ne se décrète pas d'un trait de plume, ne se livre pas clés en main. Pourtant, rien n'empêche d'y travailler, d'inciter chacun à inventer son chemin. On rêvait autrefois les auteurs antiques comme de modèles à imiter – tous parfaits, tous admirables. Leur présence n'a cessé, pendant des siècles, d'habiter de diverses façons la culture européenne. Ce n'est plus vraiment le cas. Cet imaginaire est en crise. Nous n'avons plus de réponse évidente à cette simple question : les Anciens, qui sont-ils ?

Des réalités à construire

À qui, au juste, donne-t-on ce nom ? On répondra : classiquement, aux Grecs et aux Romains qui ont vécu, et pensé, durant ce qu'il est convenu de nommer « Antiquité ». Fort bien. Mais encore ? Il faut préciser. En effet, si je demande : « Qui sont les voisins ? », ou encore : « Qui sont les Français ? », chaque fois, il existe au moins deux possibilités pour répondre.

La première concerne le repérage des identités. Réponse factuelle : qui sont les voisins ? Voilà leurs noms. Les Français ? Voilà les personnes possédant la nationalité française. À la question « qui ? », on répond en ce cas par une énumération, un annuaire, une série de noms propres, une collection d'individus.

Dans cette perspective, les Anciens sont tous les auteurs, créateurs – tragédiens, poètes, philosophes, écrivains, dramaturges mais aussi architectes, sculpteurs, peintres, savants, navigateurs ou géographes – qui ont vécu dans l'Antiquité grecque et romaine – soit entre le VIIIe siècle avant l'ère commune et le VIe siècle après. Cela représente presque quinze siècles où fleurit une immense diversité d'écoles, de pensées, d'analyses, organisées autour de quelques axes et références communes.

S'en tenir là est insuffisant. Car il existe une autre manière d'entendre la question : comme une interrogation sur la nature propre, le tempérament, les caractéristiques auxquelles se reconnaissent ceux qui font l'objet de l'interrogation. Dans cette optique, si je demande : « Qui sont les voisins ? », je ne me contenterai plus de leur nom. Je chercherai à savoir de quel genre de gens il s'agit. Et si je demande : « Qui sont les Français ? », je devrai m'interroger

– à tort ou à raison – sur une supposée identité nationale, un prétendu tempérament français. Cette fois, la discussion est ouverte. Les caractéristiques recherchées demeurent à composer et à discuter, de manière ouverte.

Sur ce versant, la question : « Qui sont les Anciens ? » ne relève plus du catalogue, ni de la simple délimitation dans l'espace et le temps. Elle exige une analyse de notre représentation des Anciens, ou plutôt des représentations successives qui ont installé les auteurs de l'Antiquité en position de modèles, de références, des points de départ.

Le détail occuperait plusieurs volumes, mais les lignes principales peuvent s'esquisser simplement. Repartons de cette évidence très banale : il y a toujours eu des Anciens… Pour les Grecs, il existait évidemment des figures antérieures à leur propre émergence ou à leur développement. Ces silhouettes originaires peuplent de multiples textes. Par exemple, pour Platon, les Égyptiens sont *palaïoï*, « anciens ». Ils sont même, au superlatif, *palaïotatoï*, « les plus anciens ». À ses yeux, ce sont les gardiens de la mémoire de l'humanité : bien avant les Grecs, ils ont thésaurisé les connaissances et conservé le souvenir des événements lointains.

Dans le dialogue de Platon intitulé *Critias*, un très vieux prêtre égyptien dit au jeune Solon, qui sera le fondateur des lois de la Grèce : « Vous autres Grecs, vous êtes toujours des enfants. » L'image que construit Platon de l'Antiquité égyptienne est celle d'une stabilité plongeant ses racines dans la nuit des temps, par opposition à la nouveauté, toujours surgissante, que les Grecs incarnent. En un sens, les Grecs, par rapport aux Égyptiens, seraient des Modernes.

Voilà un trait promis à une longue postérité : les Anciens semblent fixes, voire figés, toujours identiques à eux-mêmes – tels qu'une trompeuse éternité les change –, tandis que les amateurs d'innovation, de rupture et de création seraient les Modernes.

Prenons garde, malgré tout, à ne pas abuser de ce couple qui s'impose à l'esprit. Car, s'il y eut toujours des Anciens, ce n'est pas le cas des Modernes. Au contraire, on pourrait dire que l'idée des Anciens est une idée ancienne, alors que l'idée des Modernes est une idée moderne. En effet, elle ne se développe véritablement qu'à la Renaissance, à partir du moment où un retour aux textes anciens et au travail d'interprétation va permettre de poser la question de leur reviviscence mais aussi de leur dépassement. Il ne s'agira plus d'être préoccupé seulement de répéter et d'imiter les Anciens. Il va s'agir de reconsidérer leur enseignement – de façon créatrice, originale, vivante – pour continuer à progresser, en leur compagnie, mais dans le sens d'une époque qui se révèle différente de la leur.

La Renaissance forge l'idée d'une rupture avec les Anciens qui est aussi une forme de continuité de leur héritage. Une large part de la culture classique, puis romantique, tant dans le domaine littéraire que philosophique ou scientifique, se développera, au fil des générations, selon un jeu dialectique multiple entre continuité et rupture. L'héritage permet d'avancer, si on lui est à la fois fidèle et indocile.

Enfin, comme l'a souligné l'historien François Hartog, le couple Anciens-Modernes a pour singularité d'être uniquement temporel. Les autres couples célèbres (Grecs et barbares, païens et chrétiens, fidèles et infidèles) étaient géographiques et spatiaux. Spatialiser la division semblait toujours possible : ici sont les Grecs, là sont les barbares, ici les fidèles, là les infidèles, etc. Au contraire, Anciens et Modernes existent uniquement dans la perspective historique. Ils n'ont de relation que temporelle.

Cette distance dans le temps et non dans l'espace conditionne l'aspect singulier de toute relation avec les Anciens : ils sont toujours à la fois réels et imaginaires. Réels : leur existence est historiquement attestée. Personne n'oserait dire qu'Hérodote, Aristote, César ou Virgile sont des fictions, qu'ils n'ont jamais vécu, que leurs œuvres n'ont jamais existé. Nous possédons ces textes – même sous une forme altérée, fautive ou incomplète –, et nul ne peut affirmer que cet héritage antique n'est qu'invention ou mirage.

Inévitable anachronisme

Pourtant, les Anciens ne sont que des demi-réalités. Sur la part indiscutablement objective et factuelle de leur existence se greffe toujours – aussi inévitablement – une

24

part de fiction, et de fabrication imaginaire. Si les Anciens existent réellement, nous devons, cependant, les réinventer continûment. On pourrait même penser que la manière dont chaque génération se raconte la place et la fonction des auteurs de l'Antiquité est un bon indicateur de sa place dans l'histoire.

Si l'on doute de cette permanente réinvention, on peut jeter un œil sur quelques films des années 1930, 1960, 1980… mettant en scène des héros de l'Antiquité. Ben Hur, Hercule et d'autres donnent alors une illustration vive de cette recréation permanente. Dans le *Ben Hur* de Fred Niblo (1925), les Romains sont maquillés, habillés et coiffés selon les critères des années 1920. Dans le *Ben Hur* de William Wyler (1959), les mêmes Romains sont coiffés, maquillés, habillés selon les critères des années 1960.

Cela suffit pour entrevoir combien chaque époque, partant de faits réels, les reconstruit nécessairement avec ses critères propres. On peut en tirer une conséquence paradoxale, mais au premier regard seulement : impossible d'échapper à l'anachronisme.

En général, on considère l'anachronisme comme un défaut à éviter. Tout historien doit chasser cette bête noire. Il lui est interdit de déplacer des éléments de son époque dans celle qu'il étudie. Si l'on doit éviter ce type de déformation, il ne semble pas possible, pour l'Antiquité, de l'éliminer tout à fait. Par exemple : nous constatons que les

Anciens avaient fort peu de machines. Disposant de la force musculaire des esclaves, ils n'ont élaboré qu'un petit nombre des outils mécaniques que les connaissances techniques dont ils disposaient leur auraient permis d'inventer.

Ainsi les Anciens, comme chacun sait, n'utilisaient-ils pas de moteur. Leur en attribuer serait pur et simple anachronisme. Mais ce constat est rendu possible par le seul fait que *nous* avons des moteurs. Parce que nous possédons ces outils techniques, nous constatons leur absence dans l'Antiquité. Jamais aucun homme de l'Antiquité ne s'est rendu compte qu'il n'avait pas de diesel ! Notre constat est donc anachronique, d'une manière indirecte et subtile, sans doute, mais réelle.

Un autre élément capital colore notre vision des Anciens et conditionne leur perpétuelle réinvention : c'est notre origine que nous pensons fabriquer et raconter à travers eux. À ce titre, les Anciens ne font jamais partie des domaines de connaissances indifférents ou neutres. Ils constituent toujours une pièce maîtresse du récit de notre propre histoire, réinventé de siècle en siècle et de génération en génération. Selon la manière dont on rêve son identité, sa genèse et son développement, on se fabriquera telle ou telle Antiquité. Chaque époque ne cherche donc pas la même chose dans sa référence aux Anciens, et ne se les représente pas de la même manière.

Toutefois, le temps des grands mythes fondateurs est révolu. Aucun pays d'Europe ne cherche plus à se forger des ancêtres ayant guerroyé sous les remparts de Troie. Rares sont ceux qui rêvent encore aujourd'hui d'imiter des œuvres d'art de la Grèce antique. Prier sur l'Acropole, comme Renan feignait de le faire en 1865, ferait sourire ou hausser les épaules.

Alors, que nous reste-t-il ? Peut-être l'essentiel. Une fois débarrassé des mythes, des grandes représentations, des légendes, des académies et des musées, il redevient possible de vivre en compagnie des Anciens. En retrouvant de texte en texte, comme autant de signes encore vivants, des gestes simples, des leçons d'humanité et des éclats de sagesse. Ni une vision du monde ni une planète d'artifice. Un passé présent, une école de vie, ouverte et libre, où nous pouvons tenter d'apprendre comment réinventer l'avenir.

I
VIVRE

« On pense comme on vit. »
DÉMOSTHÈNE, *Deuxième Olynthienne.*

Vivre se dit en plusieurs sens, chacun sait cela. Existence biologique, réflexion morale, action politique, création esthétique, ambitions privées, amour et haines, alliances et rivalités… ce sont là seulement quelques-unes des facettes que rassemble cette notion multiforme.

L'une des singularités majeures des Anciens est la porosité réciproque de ces significations. Pour eux, elles ne constituent pas, comme c'est le plus souvent le cas pour nous, des unités séparées ni des cases étanches et distinctes.

Ainsi les frontières de la vie ne sont-elles pas fermées. On circule, dans l'Antiquité, bien plus souplement que dans les temps actuels. Rien n'interdit de passer, avec autant de facilité que de déconcertante étrangeté, des dieux aux hommes, des hommes aux animaux, d'une coutume à une autre, voire d'une idée à son contraire, ou du rire aux larmes.

31

Ce qui compte, à mes yeux, ce sont moins les grandes routes et les divisions familières que les détails infimes, les gestes quotidiens. Ce sont eux qui font circuler les signes, et permettent de tisser ces fils, pour nous étonnants, qui relient les héros aux enfants, les barbares aux Grecs, les poètes aux paysans ou bien aux philosophes.

Difficile, dans cette circulation incessante, d'isoler des trajets et de séparer des thèmes. En fait, la question de la vie traverse tous les chapitres de ce livre : qu'il s'agisse de penser, de s'émouvoir, de gouverner, de mourir en paix, toujours pour les Anciens la même tâche est en jeu, que Cesare Pavese, naguère, a nommé « le métier de vivre ».

Malgré tout, il est possible de dégager deux voies principales dans l'apprentissage de ce métier que les Grecs, puis les Romains, ont perfectionné autrement que d'autres. Jamais il ne s'agit pour eux de considérer que la vie soit affaire entendue, scénario sans improvisation, canevas préétabli qu'il suffirait d'exécuter mécaniquement. Au contraire, elle est toujours à construire – statue à sculpter, gloire à établir. Ou encore destin, qu'il convient de défier autant que d'accomplir.

Perfectionner la vie, cela veut dire, en premier lieu, s'éduquer. Apprendre les relations à soi comme les relations aux autres, qui supposent des conflits et des heurts, mais qui s'incarnent aussi, par exemple, dans la manière de saluer, la façon de servir à table et les lois de l'hospitalité. Ici, à l'unité bigarrée de la vie correspond exactement celle de livres d'où l'on apprend tout, des gestes de la guerre jusqu'à la taille des arbres fruitiers.

Cette éducation doit produire des gens civilisés, et une culture commune. À travers bien des guerres et des déchirements, cette civilisation a perduré plus d'une dizaine de siècles : née avec Homère, elle est encore partagée, au moins comme référence et comme idéal, par les derniers citoyens de l'Empire, qui vivent pourtant dans un monde tout autre.

Un second type de perfectionnement s'est fait jour au sein même de l'éducation grecque. Son but : la vie sans troubles, sereine et souveraine. L'objectif, cette fois, n'est plus de faire des civilisés, des héros ou des citoyens, mais bien des sages. Capables de réaliser la perfection accessible aux humains. Parvenant à surmonter les conflits en eux-mêmes comme avec les autres. Susceptibles de vivre comme des dieux. Accessible à tous, mais atteinte seulement par un tout petit nombre, cette vie-là, suprême et simple, nous fait encore rêver.

1

Découvrir les gestes quotidiens

Homère, Virgile

Au commencement est Homère. Devenir grec, c'est s'embarquer avec lui. Car devenir grec – d'où qu'on vienne, qui que l'on soit – est affaire de langue, de culture, de références communes – pas de sang ni de race. Isocrate le précise sans ambiguïté dans son *Panégyrique* : « (…) on appelle Grecs plutôt les gens qui participent à notre éducation que ceux qui ont la même origine que nous. » Or cette éducation, c'est avant tout Homère qui l'incarne, la résume et la transmet.

Homère n'est pas poète au sens où nous employons ce terme. Il est à la fois le moule, le socle et le terreau de l'univers antique. C'est par lui, toujours, que tout s'ouvre et se prolonge.

Car pour apprendre à vivre, pour découvrir les gestes quotidiens et les valeurs qui sous-tendent l'existence d'un homme de bien, il suffit de l'écouter. Ne fût-ce qu'un chant, ou quelques vers. On y recueille à coup sûr une foule d'enseignements. En fait, tout s'y trouve, pêle-mêle : gestes usuels, jeux de société, codes de politesse, façons de parler, expressions des émotions, règles guidant l'existence, relations des hommes et des dieux, sans oublier les rivalités internes des uns comme des autres.

Homère, au fil de ses chants, embrasse tout ce qui se nomme vivre : grandeurs et mesquineries, héroïsmes et traîtrises, naissances et trépas des alliés et des ennemis. Répétons-le : son œuvre est fort loin de ce que nous appelons, aujourd'hui, poème. C'est un texte-monde, une école de vie. C'est la matrice de l'Antiquité pour s'éduquer à vivre en humain.

Un monde de conflits

NOM	Homère (on ne sait s'il a réellement existé, s'il fut seul ou si ce nom représente une série de poètes), né vers l'an 800 avant notre ère
LIEU	La Grèce, évidemment, mais trop de légendes ne permettent pas d'en savoir plus avec certitude
À LIRE	L'*Iliade*, puis l'*Odyssée*
POUR	Son sens du conflit, du voyage et du retour

Qu'on ouvre l'*Odyssée* au chant I, à partir du vers 95. Athéna met ses sandales, les plus belles, « divines et dorées », celles qui peuvent l'emmener partout, sur terre comme sur mer, à la vitesse du vent. Elle prend sa lance « à la pointe de bronze », avec laquelle, au combat, quand elle se fâche, « elle couche les héros par rangées »… Et la voilà qui plonge, du haut de l'Olympe, direction l'île d'Ithaque.

Elle arrive juste sous le porche du palais d'Ulysse. Comme on sait, le héros, depuis de longues années, n'est pas rentré du combat. Sa femme Pénélope l'attend, et son fils Télémaque grandit dans l'inquiétude et l'ignorance de ce que son père est devenu. C'est au jeune homme que vient parler la déesse guerrière. Afin de lui prodiguer ses conseils, elle lui apparaît sous les traits d'un homme mûr qui fut, autrefois, l'ami d'Ulysse.

À l'entrée du palais, les prétendants se prélassent. Tous veulent épouser la femme d'Ulysse, dès qu'elle sera officiellement veuve. Cette troupe de profiteurs est installée à demeure. En attendant que l'un d'eux s'empare du corps et des biens de la vertueuse héroïne, tous mènent la belle vie – à ses frais. Quand la déesse arrive, elle trouve ces malfaisants assis devant les portes, sur les cuirs des taureaux qu'ils ont abattus de leurs mains, jouant aux jetons, sorte de jeu de dames. Des serviteurs leur versent du vin, leur coupent des viandes, d'autres nettoient les tables avec des éponges.

Bien avant tous les autres, quelqu'un vit la déesse, et ce fut Télémaque au visage de dieu ; car il était assis parmi les prétendants, mais l'âme désolée ; il voyait en son cœur son père, le héros ! S'il pouvait revenir (de tous ces prétendants quelle chasse il ferait à travers le manoir !) reprendre en main sa charge, régner sur sa maison ! Télémaque rêvait, mêlé aux

37

prétendants. Mais il vit Athéna et s'en fut droit au porche : il ne supportait pas qu'un hôte fût resté debout devant sa porte ! Près d'elle, il s'arrêta, lui saisit la main droite, prit la lance de bronze et lui dit, élevant la voix, ces mots ailés :

Télémaque – « Salut ! Chez nous, mon hôte, on saura t'accueillir ; tu dîneras d'abord, après tu nous diras le besoin qui t'amène. »

Il dit et la guidait. Athéna le suivait. Quand ils furent entrés dans la haute demeure, il s'en alla dresser la lance qu'il portait au râtelier luisant de la grande colonne, où déjà se dressaient en nombre d'autres lances du valeureux Ulysse ; puis, toujours conduisant la déesse, il la fit asseoir en un fauteuil qu'il couvrit d'un linon, un beau meuble ouvragé, avec un marchepied ; pour lui-même, il ne prit qu'un siège de couleur, loin de ces prétendants dont l'abord insolent et l'ennuyeux vacarme auraient pu dégoûter son hôte du festin ; il voulait lui parler de l'absent, de son père.

On apprend encore comment offrir à celui qu'on reçoit de quoi se laver, comment présenter le pain, les plateaux de victuailles, les coupes d'or où l'on fait verser à boire. Pendant ce temps se fait servir et se goinfre, encore et toujours, la meute oisive des prétendants.

À l'écart, tandis que les chants succèdent au repas, Télémaque fait part de son inquiétude sur le sort de son père et s'enquiert de l'identité de son hôte. Le faux vieil ami lui suggère de partir, d'aller rencontrer ceux qu'Ulysse a vus pour la dernière fois, de recueillir les informations qu'ils peuvent détenir. Car il se pourrait bien que le guerrier soit toujours en vie, qu'il revienne un jour, massacre les prétendants et retrouve, enfin, et sa femme et son domaine.

Tout est en place, le reste peut s'ensuivre. L'intrigue est en route, le décor posé, la trame esquissée. Chacun découvrira à mesure non seulement les comportements de chaque jour, mais le cycle du périple immense et du retour chez soi, les vertus de la fidélité et de la ruse, les énigmes du monde et du cœur. La violence des conflits et l'épaisseur du temps.

Pour l'essentiel, Homère ne parle que de cela : les conflits, et le temps. Affrontement des guerriers, des chefs, des peuples, des dieux, des hommes et des monstres. Luttes à mort pour le pouvoir, mais aussi, et surtout, pour la gloire, la maîtrise de l'avenir, l'éternelle mémoire de la postérité. L'*Iliade* est le livre des combats et du temps, l'*Odyssée* celui des combats avec le temps. Le grand périple du retour vers la terre natale fait comprendre à Ulysse qu'il est possible de revenir au même endroit, mais jamais au même moment. La nostalgie n'est pas une souffrance que supprime un déplacement dans l'espace. C'est une douleur suscitée par la résistance du temps à nos trajectoires. Ulysse se venge enfin, massacre les prétendants, retrouve et sa femme et son domaine. Il remporte la victoire – sauf sur le cours inexorable des ans.

Texte-monde, monde-texte

Une page d'Homère suffit – non pour prendre mesure de son génie, mais pour saisir cette évidence, aujourd'hui négligée : pour entrer dans le monde des Anciens, il constitue la voie d'accès primordiale. On se trompe en fréquentant d'emblée philosophes, géographes ou historiens. Maîtres d'éloquence, rhéteurs et juristes ne forment pas non plus le premier chemin. Pour entrevoir l'univers mental et moral des Grecs et des Romains, il convient de s'adresser à Homère. Même au bas Empire, dans l'Antiquité tardive, c'est Homère qu'a en tête un Romain. Au moment où les élites impériales viendront d'Espagne, de Gaule ou de Perse, ou encore de Syrie, d'Égypte ou de Bretagne, ce sera toujours la commune référence aux valeurs, aux tournures de phrase, aux scènes contenues dans l'*Iliade* et l'*Odyssée* qui constituera le signe distinctif majeur de leur éducation.

C'est en effet par les textes de l'*Iliade* et de l'*Odyssée* que se transmettait l'essentiel de l'éducation. Ce n'est évidemment pas un hasard si l'*Odyssée* s'ouvre avec l'inquiétude de Télémaque et sa quête de la présence paternelle. Ce n'est pas fortuitement non plus que ce jeune héros deviendra le paradigme de l'apprentissage du savoir et de la vie. Le premier des romans de formation, c'est l'*Odyssée*. L'*Iliade*, de ce point de vue, vient en seconde place,

40

mais peut se lire comme un roman des origines, une saga de la culture hellénique tout entière.

Homère met en scène les questions fondamentales que se pose un jeune homme, et tout homme qui grandit. Il fournit les réponses, ou du moins les indique. En le lisant, on sait comment agir, selon quelles valeurs se comporter, de quelle manière se tenir dans l'existence, comment combattre, quelle attitude adopter vis-à-vis des autres, comment construire une ruse, ou comment la déjouer. On découvre pratiquement tous les codes – de l'honneur, de la politesse, de la séduction, de la guerre et de la paix.

Les épopées homériques sont donc à la fois des encyclopédies, des romans d'aventures et des manuels de savoir-vivre. Homère enseigne l'histoire et la géographie – grâce à lui, on découvre les origines du peuple grec et les raisons de sa fierté, de même qu'on se repère pour naviguer dans le Bassin méditerranéen.

Lire Homère, c'est rêver la diversité et l'unité du monde, être surpris par des coups de théâtre, découvrir les intrigues des dieux et les sentiments des hommes. Ses chants enseignent avec précision comment doit se comporter le guerrier au combat, ses relations cruciales à l'honneur et la mort. En fait, son texte précise tout ce qu'un homme grec doit savoir – dans cette culture, l'éducation ne s'adresse principalement qu'aux hommes. La place des femmes est importante, mais, globalement, elle n'est pas du côté du pouvoir ni du savoir – malgré l'exception notable, et significative, d'Athéna elle-même, guerrière et protectrice de la connaissance.

Toutefois, il ne suffit pas de répéter que cette épopée encyclopédique, cette parole englobante qui contient tout ce qu'il y a à savoir, incarne l'âme de la Grèce, voire l'âme du monde antique tout entier. Redire qu'Homère est l'« éducateur de la Grèce », ou même de l'humanité, telle qu'on se la représente dans l'Antiquité, n'est pas faux, certes. Mais il est plus intéressant de remarquer qu'un tel rôle suppose une correspondance préalable entre monde et récit.

Pour que cette éducation par le texte d'Homère soit possible, il faut en effet que toute la vie ait été accordée au chant et, réciproquement, que le poème-fleuve soit en mesure d'embrasser la totalité de la vie, dans ses détails singuliers comme dans ses lignes de force éternelles. Si la parole et le monde ne renvoyaient pas exactement l'un à l'autre, tout le projet d'éducation et de civilisation se trouverait faussé, illusoire et vain.

Pareil accord primordial, profond et durable, nous demeure difficilement imaginable. Parce qu'il n'appartient plus à notre horizon, à l'évidence. Mais également pour des motifs linguistiques : le grec d'Homère est souvent étrange. Sa langue n'est pas seulement archaïque, elle est artificielle, du moins en grande partie. Ses phrases rapprochent et juxtaposent des formes lexicales qui n'existent pas dans les dialectes grecs courants.

Les fameuses « épithètes homériques », ces adjectifs composés qui reviennent mécaniquement, semblent également curieux. Pourquoi l'Aurore est-elle toujours « aux doigts de rose » (*dactulorodon*), Héra « aux yeux de vache » (*boopis*), Athéna « aux yeux brillants » (*glaukôpis*, parfois rendu par « aux yeux pers », c'est-à-dire entre bleu et vert), Aphrodite « aux paupières qui clignotent » (*eliko-blépharon*, comme Betty Boop, somme toute) ? Ces désignations répétitives, stéréotypées, paraissent risibles. C'est que nous oublions combien ces épithètes furent des moyens de faciliter la mémorisation et la récitation du texte.

Car ces vastes cycles épiques étaient transmis oralement. Ils étaient chantés, accompagnés de musique, par des aèdes qui les avaient appris par cœur. Ces ancêtres des bardes parcouraient les cités grecques, cheminaient de palais en palais, de demeures seigneuriales en cours princières. En psalmodiant les exploits des combattants de la guerre de Troie, le périple aventureux d'Ulysse pour rejoindre sa terre, ils forgeaient aussi ce que les Grecs anciens voulaient se figurer d'eux-mêmes, de leurs valeurs et de leur destin.

L'œuvre d'Homère, vue sous cet angle, fait de la culture antique – depuis l'âge archaïque jusqu'à l'Antiquité tardive – une construction fondée tout entière sur la référence à un livre. Comment se différencie ce livre total d'autres textes, devenus, eux aussi, matrices et fondements de cultures entières ?

43

En Inde, par exemple, les Veda renferment l'essentiel de ce qui est à savoir, à faire et à penser si l'on veut être hindou. La Torah, pour sa part, précise tout ce qu'un juif doit faire, penser, être et croire. Bien plus tard, le Coran se présentera, lui aussi, comme livre total. La différence entre le poème homérique et ces textes fondateurs, c'est son caractère seulement humain.

Les Veda ne sont pas censés avoir été rédigés par des hommes. Ils relèvent de ce qu'on appelle, en sanskrit, la *sruti*, l'« audition » : ils ont été « entendus » par les sages. Communiqués par cette « audition », ces textes sont réputés incréés et éternels. Il en va de même, *mutatis mutandis*, du texte de la Torah et de celui du Coran : quelles que soient les différences de leur transmission ou de la justification de leur existence, leur point commun est d'émaner de Dieu et d'avoir été révélés par lui aux hommes.

Puisque le « divin » Homère, quelle que soit sa grandeur aux yeux des Anciens, n'est pas le transmetteur d'un texte révélé, d'où tient-il sa force ? Comment expliquer le pouvoir qu'il a continûment exercé sur les hommes de l'Antiquité ? À côté de sa puissance proprement littéraire, de son sens du récit et des rebondissements, la puissance d'Homère tient au roman des origines. En l'écoutant, les Anciens croient entendre d'où ils viennent, les conflits qui les ont forgés. Que la trajectoire soit imaginaire, les faits inventés ou transformés... peu importe. Ce récit ne se plie pas à la discipline historique. Il esquisse une généalogie. Il forge le mythe d'une identité.

Nous autres Grecs, d'où venons-nous ? Qui sommes-nous ? Qu'est-ce qui nous distingue ? Quelles épreuves avons-nous traversées, quelles victoires remportées, quels échecs subis ? Voilà les questions auxquelles Homère fournit des réponses. Elles sont fictives, cela va de soi – et il ne peut en être autrement, puisque ces interrogations elles-mêmes sont fantasmagoriques. Mais le pouvoir d'attraction qu'elles exercent est fort. La preuve : jamais elles n'ont cessé d'être reprises au fil du temps. Homère a été continûment imité : les récits des origines ont scandé l'histoire, celle de Rome, puis celle de l'Europe.

Héritage et vengeance

NOM	Virgile, né en 70 avant notre ère
LIEUX	Mantoue, Rome, Naples
À LIRE	Les *Géorgiques*, puis l'*Énéide*
POUR	Son amour savant de la nature

On l'a compris : Homère n'est pas seulement un homme, ou une série d'auteurs successifs. Ses récits épiques ne sont pas simplement des mots agencés. Ils définissent une forme, une manière de se représenter son passé et de justifier ses actes. Ce récit des origines est une légitimation, valant acte de noblesse, certificat de haute naissance.

Voilà pourquoi Homère fut tant imité. Ce qu'on répète, ce ne sont ni ses trouvailles verbales ni ses intrigues. C'est son geste – cette manière de rendre héroïques et grandioses les aventures de quelques tribus. Cette alchimie métamorphose une méchante bataille en affrontement cosmique. Avec quelques frustes soldats, elle bâtit des géants qui s'affrontent, le bruit de leurs armes devient un fracas destiné à traverser les siècles. Voilà qu'une vague boucherie devient un affrontement éternel : le hasard sordide s'est mué en destin.

Ce sens de la grandeur, de l'ennoblissement, cette invention du vent de l'histoire et de la gloire immémoriale, c'est tout ce que voudront reproduire, de siècle en siècle, une série de successeurs. Jordanès veut-il donner aux Goths – peuple d'abord obscur, barbare, paraissant surgir soudain d'une nuit sans traces – une origine digne, une existence historique repérable ? Il décrit leur ancêtre présent sous les remparts de Troie, voisin des troupes grecques, guerroyant à leur côté. Quand Ronsard voudra bien plus tard glorifier les Francs, il n'agira pas autrement.

Somme toute, la recette est simple : pour prendre place dans l'histoire, on s'incrustera dans l'image homérique existante. Il y avait foule, sans doute, aux abords de Troie. Puisque l'un de nos aïeux était là, nous avons droit, nous aussi, à quelque considération. Nous ne sommes ni barbares ni roturiers. Nous, d'origine inconnue ? Venus on ne sait d'où, incapables de dire qui nous sommes ? Nullement ! Voyez : proches des héros d'Homère, nous aussi sommes cousins des dieux…

Les premiers à tenir pareil langage furent les Romains. C'est une grave erreur de ne voir en eux que les élèves ou les simples émules des Grecs. En reprenant, en répétant, les Romains transposent, transforment. La torsion qu'ils font subir aux idées grecques est un élément essentiel de l'Antiquité. Sans ce filtre, notre représentation des Anciens serait méconnaissable. Rémi Brague a bien mis en lumière l'importance essentielle de cette « voie romaine » dans la formation de la culture européenne. Pourtant, malgré sa mise au point, ce moment essentiel demeure sous-estimé.

On croit, ou on feint de croire, que le monde gréco-romain est lisse, homogène. On oublie qu'il est constitué de deux composants dont la fusion jamais ne fut parfaite ni entièrement acquise. Ainsi les Romains commencèrent-ils par porter sur eux-mêmes le regard des Grecs, appelant, par exemple, « ports barbares » les mouillages de l'Adriatique. Quand Plaute dit avoir traduit quelque comédie du grec en « *lingua barbara* », il veut dire « en latin », sa propre langue !

Les Romains ont refait la Grèce, mais à leur façon. Cette Grèce romaine, plus vaste, mieux organisée, administrée et prospère, est à la fois semblable et différente. *Alter Homerus* (« l'autre Homère ») était, dans l'Antiquité, l'un des surnoms de Virgile. Cet autre, il faut y insister, est proche mais également très distinct. Quelque huit cents ans les séparent, les sociétés qui les entourent sont profondément différentes. Plus encore : on se souvient qu'Énée s'enfuit de Troie en flammes en portant son père Anchise sur son dos. Mais on ne souligne pas assez que l'ancêtre de la puissance romaine était dans le camp des adversaires des Grecs. Voilà ce qu'il ne faut pas oublier. Rome s'inscrit, avec Virgile, dans l'image d'Homère, certes, mais pour en inverser les perspectives. L'*Énéide* a pour trame la défaite posthume des Grecs, la vengeance des Troyens.

En outre, Virgile n'aime pas les guerres. Ami des paysages en paix, des verdures douces, des lacs que nimbe un halo de brume, le « cygne de Mantoue » – autre surnom classique du poète – préfère sans conteste le calme de son domaine rural aux carnages des combats. Il possède un vignoble, un verger, des ruches, des pâturages. Il fabrique son fromage.

Avant de rédiger l'*Énéide*, Virgile a consacré sept années de sa vie aux *Géorgiques*. D'innombrables générations ont fréquenté ce texte que personne, ou presque, ne lit plus. Comme si ce poème était devenu inaudible. On y trouve pourtant, ce qui peut surprendre, toutes sortes d'instructions pratiques – concernant, par exemple, la taille des arbres fruitiers ou la préparation du fromage. Car les *Géorgiques* n'est pas seulement éloge de la vie aux champs, évocation des saisons et de leurs paysages. C'est aussi un guide pratique pour agriculteurs, avec toutes les instructions nécessaires à une exploitation dans la campagne romaine.

Pour comprendre cette étrangeté, il ne suffit pas, comme l'historien Gibbon au XVIIIᵉ siècle, de suggérer que l'œuvre devait aider les vétérans des légions romaines à s'installer sur les lopins de terre qui leur étaient alloués. C'est possible, mais partiel. Mieux vaut souligner que les poèmes peuvent remplir, dans l'Antiquité, une fonction qui, pour nous, a entièrement disparu : servir de manuels, d'encyclopédies, d'outils de transmission des savoirs. Virgile avait la réputation d'avoir beaucoup appris, d'être un homme de savoir, rompu à toutes les disciplines, depuis les mathématiques jusqu'à l'agronomie. Macrobe, qui écrit au début du Vᵉ siècle de notre ère et sera fort lu tout au long du Moyen Âge, dit carrément de Virgile : « Il ne commet jamais d'erreur en matière de science. »

Si poète et savant peuvent se confondre en une même personne, si les vers peuvent devenir vecteurs de connaissances, c'est aussi en raison d'une réalité très simple que nous avons tendance à oublier : les hommes de l'Antiquité, pour la plupart, étaient dépourvus de livres. Ils vivaient, d'abord, avec des paroles. La culture antique est orale plus souvent qu'écrite. Certes, il y a des scribes, des ateliers de copie, des bibliothèques… Mais, comparé au nombre des actifs, ou même des gens cultivés, le nombre de rouleaux, de parchemins ou de tablettes n'a rien de comparable à nos usages.

Il est donc crucial de pouvoir mémoriser des textes, parfois relativement longs, sans effort excessif. Or la versification est un des principaux moyens pour conserver quelque chose en mémoire. Il est bien plus aisé de retenir des vers que de la prose. Mettre en vers la taille des arbres ou la recette du fromage correspond à la nécessité d'apprendre ces recettes par cœur. Pourtant, cette explication utilitaire est encore trop courte. En fait, dans une perspective plus essentielle, il faudrait se souvenir que parole et savoir vont ensemble.

Le terme *logos,* en grec ancien, désigne à la fois la parole sonore, celle que l'on prononce à voix haute, et la raison. Les deux sont, pour les Grecs, indissociablement conjoints. Ainsi le chant poétique a-t-il une parenté avec le savoir et la raison. De ce point de vue, il n'est pas excessif de dire que la dissociation entre une poésie purement émotive, affective, esthétique et une raison argumentative, déductrice et réflexive n'a pas, pour les Anciens, l'évidence qu'elle semble avoir pour nous.

Quelles leçons ?

Fort bien, dira-t-on. Mais que pouvons-nous faire de cela aujourd'hui ? En quoi cela peut-il nous servir ? Nous aider à vivre ?

La réponse, évidemment, n'est pas de lire Virgile pour cultiver les pommiers ni Homère pour trancher le rôti.

On fait inévitablement fausse route chaque fois qu'on cherche à appliquer, de manière directe, frontale et mécanique, la leçon la plus immédiate d'un texte.

La question des conflits et celle du temps me semblent de meilleurs guides. D'autant que sur ces points essentiels, entre les poètes et les chercheurs de sagesse, malgré leur appartenance commune à une même culture, les chemins divergent.

Tout est conflit chez Homère, comme chez Virgile, quelles que soient les différences de leurs sensibilités : les dieux se chamaillent et s'affrontent, font alliance avec les mortels, choisissent leur camp dans les interminables querelles humaines où les héros laissent leur vie. Le choc des lances, des chars et des peuples n'a pas de fin. Et, chez ces poètes faiseurs de mondes, le temps s'impose à tous – habitants de la terre comme des Enfers, justes aussi bien que traîtres, téméraires autant que couards. Nul, qu'il soit homme ou dieu, ne s'y peut soustraire.

C'est pourquoi l'ultime victoire des héros d'Homère et de Virgile est-elle de s'inscrire à jamais dans la mémoire des hommes. Ils ne cherchent pas seulement à l'emporter sur le terrain. Ils visent, par cette victoire, une gloire immortelle. Jean-Pierre Vernant a montré comment cette recherche de gloire est liée au fait que l'homme grec antique, en quelque sorte, n'a pas d'intériorité : il vit tout entier dans le regard des autres, il existe par et pour leur jugement. Les héros d'Homère sont persuadés que le sang qu'ils font gicler sur le champ de bataille va inscrire leur nom dans l'éternité, le faire durer des siècles. Le plus étonnant, c'est qu'ils ont réussi : nous connaissons encore Hector, Ajax, Patrocle et les autres.

Il ne s'agit pas de vouloir reprendre à notre compte, aujourd'hui, ni ce goût de la guerre ni cette soif de la gloire. L'entreprise serait vaine. Toutefois, fréquenter cet univers lointain est souhaitable. Car nos contemporains sont devenus si pacifistes, singulièrement en Europe, qu'ils perdent de vue l'intelligence des conflits. Ils sont également devenus si amnésiques qu'ils ne saisissent plus ce que postérité peut signifier. Ce que nous avons à redécouvrir, c'est une vie qui ne dissocie pas la guerre et la paix, la gloire et l'humilité, la sensibilité et la raison, le cœur et l'intelligence, l'émotion et la logique – une vie pleine, multidimensionnelle, mêlant toutes les faces de l'existence.

Cette vie débordante, irrégulière, peut paraître trop riche ou trop dangereuse. La tentation sera grande de la canaliser, de l'épurer, sous prétexte de l'intensifier. C'est le travail des écoles de sagesse. Elles invitent à vivre, selon les termes d'Épicure, « comme un dieu parmi les hommes ». Sans conflit, et hors du temps, cette fois.

2

Comme un dieu parmi les hommes

Épicure, Zénon de Citium, Pyrrhon

Il ne s'agit plus de vivre en héros, en homme de bien ou en homme tout court. Il s'agit de vivre en sage. Ou du moins de s'y efforcer. De travailler, continûment, à cette transformation patiente de soi qui finira par éliminer les angoisses, les fluctuations, les erreurs. Avec les écoles de sagesse qui fleurissent à partir du ivᵉ siècle avant notre ère et vont perdurer jusqu'à la fin de l'Empire romain, le projet est d'accéder à une forme de vie humaine parfaite. Où l'on serait sans conflit avec soi-même ni avec les autres. Où l'on vivrait en maître du temps, capable de trouver dans la plénitude de l'instant une forme d'éternité.

Car le sage, du point de vue des Anciens, n'est pas seulement l'homme ayant bridé ses mauvais penchants, parvenu à une forme de savoir ultime et de renoncement à tout ce qui est nuisible ou inutile. Il est d'abord celui qui a atteint le terme du chemin. On pourrait presque dire le sage « hyperéduqué », au sens où il serait si éduqué qu'il passerait au-delà de l'éducation. Un long processus de travail sur soi lui fait rejeter certains aspects cruciaux de l'éducation conventionnelle. C'est pourquoi le sage choque, heurte les préjugés, contrevient aux règles non seulement de la politesse, mais, parfois, de la civilisation même. Il arrive par exemple aux cyniques comme aux stoïciens de critiquer l'interdiction de l'inceste.

Toutefois, on aurait tort de croire que la caractéristique principale du sage réside nécessairement dans la provocation, la rébellion, la manière brutale de frapper l'imagination. En fait, il s'agit de tout autre chose. S'il fallait la résumer d'un mot, la vie du sage est « absence de troubles ». « Ataraxie », le mot grec qui désigne cette sérénité, est composé d'un *a* privatif (« pas de, absence de ») et de *taraxos* (« trouble, perturbation »). Toutes sortes d'événements provoquent dans notre esprit panique ou anxiété. Quoi qu'il advienne, l'esprit du sage demeure lisse comme la surface d'un lac.

Dans la *Lettre à Ménécée*, Épicure a cette formule : « calmer la tempête de l'âme ». L'image est à prendre au sérieux. Les tempêtes étaient une grande terreur pour les hommes de l'Antiquité. Pris dans la tourmente, Énée tend les mains vers le ciel, évoque ses compagnons qui eurent plus de chance en mourant sur le champ de bataille. Ulysse avant lui a subi cette épreuve. Peuple de marins, les Grecs connaissent la violence de la Méditerranée, qui peut être extrême. « Calmer la tempête de l'âme », c'est sortir des vents qui hurlent, des creux de notre esprit, échapper aux émotions terrifiantes, aux espoirs fous, aux frayeurs qui tétanisent.

L'idéal vers lequel convergent les écoles antiques les plus différentes consiste toujours à établir en soi-même un calme qui soustrait l'esprit aux heurts et à-coups de l'existence. Cette absence de troubles doit être inébranlable, et garantie, si l'on ose dire, contre tout retour des vents. « Calmer la tempête de l'âme » ne signifie pas simplement se rendre maître de soi, échapper à la spirale des ambitions, des désirs dévorateurs, des passions destructrices et des émotions brutales. C'est parvenir à se soustraire à cette multitude de chocs que le hasard inévitablement nous impose au fil du temps.

Car devenir moins passionné ne saurait suffire. Il s'agit aussi de se préparer aux coups du sort, aux mauvaises surprises, aux malheurs soudains que la vie va nous prodiguer inéluctablement. Sachant que nous ne pouvons échapper aux deuils, aux accidents et aux souffrances, la voie de sagesse que proposent les Grecs consiste à nous préparer, à nous stabiliser définitivement, afin de demeurer imperturbables face à ce qui surgira.

Cet objectif est partout identique. Certaines écoles, comme celle d'Épicure, parlent de l'ataraxie, l'absence de troubles. D'autres évoquent l'« apathie », *apatheia* –

notion formée elle aussi avec le privatif *a*, et qui signifie l'absence de *pathos*, c'est-à-dire d'émotion. Aucune émotion n'affecte plus le sage, qu'elle soit positive ou négative. Ni exubérance ni abattement. Quels que soient le terme employé ou le chemin choisi, une fois atteinte cette stabilité permanente, il est possible de vivre « comme un dieu parmi les hommes ».

Vivre « comme un dieu » ne signifie pas, en l'occurrence, imposer ses volontés, réaliser ses caprices, dominer parce qu'on serait plus puissant que les êtres humains, inférieurs aux dieux par nature. Cela veut dire uniquement : vivre de manière imperturbable, inébranlable, stable et fixe, dépourvue de souffrances, parmi des êtres humains qui, eux, demeurent ballottés par les émotions, secoués par les coups du sort, exposés à toutes les embuscades tendues par les hasards de la vie. Il faut savoir qu'Épicure, bien qu'il dénonce les croyances religieuses comme des superstitions dangereuses, ne nie pas l'existence des dieux. Il affirme au contraire que les dieux existent. Ces dieux sont des assemblages d'atomes, ils ont un corps. Ce sont des dieux matériels, car il n'y a dans le monde, pour Épicure, que des atomes et du vide.

Tandis que notre corps est éphémère, assemblage instable d'atomes qui se désagrège à notre mort, le corps des dieux, lui, est stable. S'ils sont immortels, c'est que l'assemblage qui les constitue ne se défait pas. Vivre « comme un dieu parmi les hommes » n'implique donc aucun pouvoir surnaturel. Il ne s'agit que de la solidité acquise au moyen de la sagesse, de la stabilité que confère le calme définitivement atteint. Mais par quel chemin ?

Un jardin sans troubles

NOM	Épicure, né vers 340 avant notre ère
LIEU	Le Jardin, Athènes
À LIRE	*Lettre à Ménécée*
POUR	Son bonheur méthodique

En 306 avant notre ère, Épicure achète, non loin du centre d'Athènes, une propriété agréable. Elle n'est pas fastueuse, mais elle est loin d'être modeste. Le Jardin, c'est son nom, lui a coûté quatre-vingts mines, une somme qui n'est pas négligeable. Le philosophe a trente-cinq ans. La superficie et l'organisation de la propriété sont connues par son testament, établi pour confier cette demeure à ses disciples. Il a en effet organisé sa vie au Jardin avec un groupe d'amis qui accompagnera toute son existence. Cette communauté philosophique comprend aussi bien des femmes que des hommes – c'est une singularité pour l'époque. Tous passent pour avoir des mœurs très libres, sans qu'on puisse toujours discerner la vérité des légendes. Car la doctrine d'Épicure et les manières de vivre de ce groupe clos sur lui-même ont suscité bien des médisances et des malentendus.

Déjà, les contemporains, et plus encore la postérité, transforment à tort les épicuriens en jouisseurs débauchés, capables de tous les excès. C'est une profonde erreur. Si le but de l'existence est bien le plaisir, il n'a rien à voir avec l'orgie ni le dérèglement systématique. Au contraire ! Épicure lui-même a insisté sur cette méprise : « Nous ne parlons pas des plaisirs des gens dissolus, comme le croient certains qui ignorent la doctrine, ou ne lui donnent pas leur accord ou l'interprètent mal. » Sa doctrine, en fait, est une thérapeutique. Elle vise à guérir l'âme de ses troubles, au moyen d'un « quadruple remède ».

Ce remède (*pharmakon*) est constitué de quatre objectifs, simples à énoncer, difficiles à mettre en pratique de manière continue : ne pas craindre les dieux, ne pas craindre la mort, rechercher les plaisirs simples, fuir la douleur. La physique d'Épicure, penseur matérialiste et hédoniste, justifie chacun de ses points : les dieux ne se soucient pas des hommes, il n'y a donc pas à les craindre, la mort est dépourvue de sensations, elle ne peut donc être un objet de terreur, les plaisirs simples sont aisés à satisfaire et n'entraînent pas de conséquences perturbantes, les douleurs peuvent être combattues par le souvenir des moments heureux.

L'essentiel réside dans le fait qu'il s'agit plus de ne pas souffrir que de jouir. Que le corps ne souffre pas, que l'esprit ne soit pas troublé – tel est le but. Et telle est, pour Épicure, la vraie définition du plaisir, et donc du bonheur. Ce plaisir est un « plaisir en repos ». Il correspond à la satisfaction obtenue, à l'absence de tensions qui la suit. Les Anciens le distinguent du « plaisir en mouvement », celui de la jouissance elle-même, toujours à recommencer, à réactiver.

Ce plaisir en repos est l'absence de troubles dont les textes épicuriens ne cessent de parler. Cette discipline trouve son point de départ dans la réflexion, mais elle doit progressivement s'inscrire dans le corps, de sorte que l'homme tout entier parvienne à goûter la plénitude de l'instant. Un des apports principaux d'Épicure est d'inciter à s'ancrer dans le moment présent. Un moment véritablement sans troubles et sans tension incarne le pur bien-être d'exister sans aucun manque. C'est un instant de perfection pure : rien ne lui fait défaut.

Ce moment parfait, auquel rien ne manque, ne disparaît pas. Dans sa plénitude, il constitue une sortie du temps. C'est un bien immortel, semblable à ceux que possèdent les dieux. Ainsi, en vivant des moments de plaisir qui sont en même temps comme des instants de repos absolu – donc, en un sens des fragments d'éternité –, le sage, bien que purement humain, peut effectivement vivre comme un dieu parmi les hommes.

Ce « parmi les hommes » ne doit pas égarer. Le sage épicurien est bien sur terre, mais en retrait. Ce n'est certes pas un ermite, il ne vit pas au désert. La compagnie de ses amis lui est précieuse. Toutefois, l'épicurien se coupe volontairement des affaires du monde, des délibérations de la cité, du cours de l'histoire. Sans se désintéresser tout à fait des autres, en privilégiant au contraire les relations affectives et amicales, il appartient malgré tout à la tradition des sages qui se détournent des affaires de la cité et choisissent de vivre à l'écart du fracas du monde.

Cette distance envers les conflits du politique et de l'histoire irrite et attire à la fois. Sans doute est-ce une des causes de l'animosité de beaucoup envers Épicure, aussi bien qu'un motif de fascination pour d'autres. En des temps troublés, des moments de guerres civiles, d'assassinats politiques, de luttes internes qui ne cessent de ravager les cités, se retirer au calme avec ses amis, cultiver son jardin – bien avant la formule de Voltaire dans *Candide,* qui est son lointain héritier –, voilà des comportements qui peuvent paraître attirants.

Pour se rendre inaccessibles aux agressions du monde, les stoïciens inventent d'autres tactiques. C'est en eux-mêmes qu'ils se retirent, pour s'installer dans ce que Marc Aurèle dénommera « la forteresse de l'âme ». Frères ennemis des épicuriens, ils tendent vers un but identique – se soustraire aux troubles –, mais ils s'y dirigent par des chemins tout différents.

La forteresse de l'âme

NOM   Zénon de Citium, né vers 335 avant notre ère
LIEU   Le Portique, Athènes
À LIRE   Presque rien
POUR   Sa volonté inébranlable

Rien ne destinait à la philosophie Zénon de Citium. Il faut préciser sa ville d'origine, non par pédanterie, mais pour éviter qu'on le confonde avec son homonyme, Zénon d'Élée, celui des paradoxes spatio-temporels (la flèche n'atteindra jamais sa cible, Achille ne rattrapera jamais la tortue). Zénon de Citium, lui, faisait des affaires, du moins dans sa jeunesse. Originaire de Phénicie, il vendait de la pourpre pour colorer les tissus et l'acheminait par bateau jusqu'au Pirée, pour la vendre aux Athéniens. Sur mer, un jour où il navigue, le mauvais vent se lève. Encore une terrible tempête. Elle conduit au naufrage.

Zénon a la vie sauve, mais sa cargaison est perdue, et lui, ruiné. À Athènes, il découvre la philosophie et se lance à corps perdu dans la recherche de la sagesse. Ce qu'il veut atteindre ? Comme tous ceux de son temps – Épicure, Antisthène, Diogène, Cratès, tant d'autres –, il vise cet état où la vie ne serait plus accessible aux hasards du monde, où les malheurs – maladies, injustices ou violences – n'auraient plus aucune prise.

Zénon se met d'abord à l'école des cyniques, ces philosophes radicaux qui avaient choisi de vivre à la rude, dans la rue, comme des SDF, à la manière de leur maître Diogène de Sinope. Ils estimaient que la nature seule peut nous rendre heureux, à condition d'en suivre les préceptes sans les troubler par nos conventions absurdes. Zénon commence donc, sous la direction de Cratès, l'un des plus bourrus de la bande, à se dépouiller de tous les usages de la civilisation. Mais il a du mal, cette vie ne lui convient pas. Est-ce la dureté des épreuves que Cratès lui fait subir qui le dégoûte ? Le caractère excessivement abrupt et radical de la doctrine des cyniques qui le rebute ? Il rompt avec ces maîtres trop durs et constitue son propre groupe.

Zénon forge donc sa doctrine, construit sa vision du monde : une physique, une logique, une éthique – le tout formant une philosophie complète, théorique et pratique. Elle conserve l'empreinte de certains éléments cyniques, mais possède son originalité propre et va connaître de longs développements. Le stoïcisme ancien, celui de Zénon de Citium, puis de Cléanthe et de Chrysippe, aura de nouveaux prolongements chez les Grecs, ensuite chez les Romains, notamment avec Sénèque et Marc Aurèle.

Zénon commence à enseigner sous un portique, sur l'agora d'Athènes, la place publique. C'est un portique peint, ce qui en grec se dit *stoa* (« portique ») *poïkilè* (« peint »). C'est pourquoi on eut vite fait de surnommer ce philosophe et ses élèves « les gens du Portique », *stoïkioï,* les « stoïciens ». On doit à Zénon les idées de départ, et l'invention du vocabulaire des stoïciens, car il aimait, dit-on, inventer des mots nouveaux. Comme il avait des idées nouvelles, il lui fallait fabriquer les termes adéquats.

En quelques années, ce génie dont tous les textes ont péri fonde une école de pensée qui traversera toute l'histoire. Car le stoïcisme est sans doute l'une des philosophies qui connut l'histoire la plus longue et la plus florissante. L'enseignement des premières générations a subi au fil des siècles une série de remaniements : autour d'un même socle de pensée, des stoïcismes se sont déployés. Mais le cœur de la doctrine demeure stable.

Son point de départ n'est plus le corps, comme chez Épicure, mais la volonté. C'est là que le stoïcien trouve le point fixe qui lui permet de se soustraire au hasard et aux heurts de l'existence. Peu importe ce qui peut arriver à mes biens, aux miens, à mon propre corps puisque, dans toutes ces circonstances, il me reste le choix qu'opère ma propre volonté. Je peux désirer le bien et vivre de manière droite et vertueuse, que je sois pauvre ou riche, bien portant ou malade, marié ou veuf, jeune ou vieux.

La question centrale n'est donc pas celle de l'austérité ou de l'indifférence, mais de la relation entre ce qui est véritablement indifférent – comme le fait d'avoir un nombre de cheveux pair ou impair – et ce qui est préférable. Ainsi est-il préférable d'être en bonne santé que malade, de vivre de manière aisée ou correcte plutôt que misérable. Et il est préférable de ne pas souffrir que de souffrir. Les stoïciens seront les premiers à le reconnaître et ne sont évidemment pas des amoureux de la douleur, des masochistes bien avant Sacher-Masoch. Mais ils jugent que rien n'est véritablement en notre pouvoir des richesses, de la santé, de la réputation ou du pouvoir.

Car, à l'évidence, même si nous faisons le maximum pour nous maintenir en bonne santé, la maladie et la mort demeurent hors de notre contrôle. Même si nous faisons tout notre possible pour accroître nos revenus, la misère peut nous tomber dessus. Et ainsi de suite. C'est pourquoi, même en ce qui concerne toutes ces choses qui ne sont pas indifférentes, et que nous avons raison de pré-férer, il faut apprendre à relativiser. Les circonstances sont imprévisibles. Nous ne sommes pas maîtres du hasard.

Il nous faut donc nous replier dans la seule citadelle que nous contrôlons entièrement : notre volonté, notre raison, notre capacité de décider de nos jugements et de nos représentations. Quelles que soient les circons-tances, nous demeurons maîtres, pour les penseurs du Portique, de ce que nous pensons et décidons. C'est pourquoi, dans les pires circonstances (maladie, misère, opprobre, exil, prison ou torture), nous pouvons malgré tout être heureux : nous pensons de ces circonstances ce que nous voulons, et si nous ne cédons pas sur notre volonté raisonnable de faire le bien, cette vertu suffit à notre bonheur.

La question est de savoir dans quelle mesure cette sérénité du sage qui se soustrait aux émotions, qui demeure fixe et stable dans sa volonté quoi qu'il advienne, n'est pas, en fait, assimilable à une radicale insensibilité et à une totale indifférence. Ainsi Sénèque dit-il que le sage ne pleure pas quand meurent sa femme et ses enfants : il les savait mortels, devait s'attendre à leur disparition et n'en est donc pas troublé. Difficile, ici, de faire le partage entre absence de troubles et insensibilité inhumaine.

Quand le doute rend heureux

NOM	Pyrrhon, né vers 360 avant notre ère
LIEU	Athènes
À LIRE	Presque rien
POUR	Son doute libérateur

La question de l'indifférence se retrouve, en un autre sens, au cœur de l'école sceptique que fonde ce philosophe étrange et mal connu nommé Pyrrhon. À côté de l'épicurisme et du stoïcisme – la voie de la sérénité par le corps, la voie de la sérénité par l'âme –, le scepticisme constitue également, on l'oublie trop souvent, une voie de délivrance de tous les troubles.

Il ne faut pas croire que les sceptiques sont uniquement des penseurs du doute, occupés à mettre en cause nos capacités de connaître le vrai, critiquant indéfectiblement l'idée même de vérité. En fait, leur mise à l'écart de toutes les positions et de tous les choix constitue une autre manière d'apaiser la « tempête de l'âme ». La maxime de cette délivrance par le doute pourrait s'énoncer ainsi : « Tu ne peux rien savoir, donc tu n'as rien à décider, puisque tu ne sais même pas ce qu'il faut préférer, car dans le fond tu n'as que des impressions et des convictions superficielles et éphémères... Si tu comprends intimement à quel point il en est ainsi, tu atteindras une forme de sérénité. Elle t'épargnera d'entrer dans le défilé indéfini des opinions et des recherches, qui sont toutes marquées par l'incertitude, l'hésitation, l'illusion et l'erreur. »

Tel est, à peu près, le langage que Pyrrhon pouvait tenir à ses disciples. Sa position consiste à souligner constamment que nous ne savons pas véritablement ce qu'est le monde. Ni ce que sont le bien ou le mal. Ni ce qui est à fuir et ce qui est à rechercher. En suspendant toute forme de jugement, y compris dans les actions quotidiennes, on aboutit à la sérénité.

Par certains aspects, cette voie est très paradoxale. On dit que Pyrrhon semblait indifférent au fait de manger ou de ne pas manger, de tomber dans un fossé ou non, d'être sale ou propre. Il nettoyait les cochons de la ferme de sa sœur sans le moindre dégoût, dit-on encore. Là aussi, le partage entre insensibilité et sérénité, indifférence et sagesse, délivrance et anesthésie semble fort difficile. Mais la volonté de mettre un terme aux troubles ne fait aucun doute.

« Sceptique » ne désigne donc pas, il faut le répéter, une pure volonté intellectuelle de douter de tout, de manière continue, systématique et extrême. Les disciples de cette école ne mettent pas en question, par exemple, la réalité de leurs affects : ils n'iront pas soutenir que le miel ne leur paraît doux que de façon incertaine, ou qu'un désagrément pourrait bien être plaisant sans qu'on en sache rien. Leur position ne consiste pas à mettre en cause l'existence des sensations ni à refuser l'idée qu'existe une réalité, car de telles suppositions leur semblent extravagantes.

Ce que soutient le sceptique antique est plus simple et plus subtil. Le miel lui paraît doux, il le reconnaît. Mais il soutient ne rien pouvoir en conclure de certain concernant la nature propre de cette substance. La réalité n'est pas un leurre, un mirage, une illusion. Pourtant, il n'existe « pour l'instant » aucune voie d'accès conduisant à une connaissance assurée de son essence ni de son fonctionnement. Quand nous cherchons à savoir, nous rencontrons des voies sans issue.

C'est ce que signifie le terme grec *aporia* : une situation dépourvue de sortie, une impasse. En traduisant habituellement ce terme par « embarras », on fait venir à l'esprit d'autres évocations, plus ou moins parasites. Un embarras résulte en effet d'un trop-plein. Il suppose un excès de choses par rapport à l'espace disponible. Il suggère une attitude psychologique hésitante, presque paralysée, exposée en tout cas au risque de se figer et de rester immobile. Rien de tel dans l'aporie. L'absence d'issue ne pèse pas. Elle n'a rien à voir avec un encombrement ni une gêne. Aucune entrave au mouvement. Au contraire : cette impasse, pour les sceptiques, constitue la condition de la tranquillité d'esprit, le gage de la sérénité. Mais pourquoi ? Voilà ce qu'il faut préciser.

Ce qui est sans solution n'engendre pas nécessairement tourments et angoisses. Les sceptiques constatent qu'à tout argument s'oppose un argument contraire de force égale. Sur toutes les questions mettant une vérité en jeu, il existe entre les hommes un désaccord visible, que ceux-ci ne parviennent pas à surmonter. La conclusion à tirer n'est pas, comme on l'a cru souvent, que la vérité n'existe pas, ou qu'elle est inaccessible à notre intelligence – ce sont encore là des thèses tranchées, des vérités trop assurées. Affirmer qu'on ne peut rien affirmer serait évidemment... une affirmation.

Là encore, comme l'a montré Pierre Pellegrin, la démarche du scepticisme antique est plus simple et plus subtile. Il n'y a, pour l'instant, pas d'issue aux questions que nous nous posons. Le désaccord entre les écoles philosophiques est patent. Il convient donc de suspendre notre assentiment. Mais rien ne dit qu'aucune solution n'existe, ni qu'il convient de renoncer à chercher.

Rien n'oblige, d'autre part, celui qui doit vivre sans détenir de vérité à se croiser les bras, à subir n'importe quoi, à rendre équivalentes l'impasse du savoir et l'inaction. Les sceptiques peuvent, sans incohérence, maîtriser des techniques, les appliquer quotidiennement, les faire progresser. Ils se garderont seulement de transformer ces recettes en assertions dogmatiques. Ils persisteront à suspendre leur jugement.

Le sceptique parvient ainsi à une légèreté singulière. Aux pesanteurs des systèmes, il oppose la douceur particulière de l'incertain. Assez détaché pour n'être plus vraiment rebelle, il n'est pas assez conformiste pour croire à ce qu'il fait quand il se comporte comme tout le monde. C'est pourquoi il se maintient comme à distance des normes et des conventions en même temps qu'il les respecte. En un sens, le sceptique accompli se tient également à distance de lui-même. Il s'abstient en effet de considérer que ses propres affects correspondent à une réalité, ou que les malheurs qui peuvent éventuellement l'accabler soient réellement un mal.

Avec un fin duvet de pensées « neutres » (*ne-uter*, ni l'un ni l'autre, ni vrai ni faux, ni bien ni mal…), le sceptique se fabrique une couette mentale. Elle le protège du monde, des autres, de lui-même. Évitant des tragédies, il se garde en même temps des bonheurs extrêmes. Avantages et inconvénients d'une telle posture peuvent susciter des gloses interminables. À la sérénité des impasses, au calme de la mise entre parenthèses des certitudes et des attachements, on opposera le risque d'un affadissement de la vie même, une perte d'intensité. Ce qu'on pourrait considérer comme les impasses de la sérénité.

Quelles leçons ?

Somme toute, tout tourne autour du conflit et du poids du temps.

Avec Homère, il s'agit finalement d'assumer l'un et l'autre. Affronter l'adversité, accepter le combat, s'illustrer dans la mêlée sanglante et s'assurer la victoire – premiers objectifs du héros. En endurant le temps du conflit, il peut espérer gagner une renommée suffisante pour échapper à l'oubli. Mais il comprend aussi, avec Ulysse, que le retour chez soi, longtemps après, ne peut effacer la durée. Les combattants homériques sont englués dans la lutte et rivés dans la succession des ans.

Les sages font tout l'inverse. Ils s'efforcent d'échapper aux conflits, au-dehors comme au-dedans d'eux-mêmes. Ils ne rêvent pas d'un monde sans conflit aucun, mais d'une force suffisante pour devenir insensibles à tous les heurts de l'existence. Échapper au conflit, curieusement, revient pour ces sages à échapper au temps, à ne plus subir son cours ni ses fluctuations. Installés dans l'instant, ils frôlent l'éternité.

Ces deux chemins, que tout paraît opposer, sont issus d'un même univers mental. La pérennité du conflit y est reconnue (le monde est une guerre perpétuelle), pour être ensuite surmontée (il est possible d'en sortir, ou de s'y soustraire). Or ce n'est pas du tout ainsi que nous pensons aujourd'hui. À présent, nous avons plutôt tendance à dénier l'existence des conflits (le monde doit être en paix) afin de n'avoir rien à surmonter (continuons à chanter pour que la paix revienne).

Ce que nous pouvons apprendre des Anciens, de ce point de vue, c'est donc un axe de vue différent, une perception du monde où dominent les affrontements et les rapports de forces, la violence et la mort. Une fois ce constat établi, la nécessité s'impose de construire des voies pour métamorphoser l'existence et construire une sérénité qui ne soit pas une illusion, un décor en trompe l'œil.

Entre les guerriers d'Homère et les chercheurs de sagesse, malgré les apparences, il y a sans doute plus de similitude que d'opposition. Certes, au premier regard, tout les oppose : les uns aiment le sang, les armes, la victoire et la gloire, les autres la parole, la raison, la sérénité et la paix du cosmos. Pourtant, il est possible d'envisager entre eux une continuité : à la place des lances, les philosophes ont des arguments, leur champ de bataille est la discussion, leur victoire, la proclamation de la vérité. La philosophie est la continuation de la guerre par d'autres moyens. Le terrain est différent, les affrontements aussi. Mais le dispositif d'ensemble demeure identique.

Quel serait, pour les philosophes, l'équivalent de la gloire ? L'accès à la vie vraie, le fait d'atteindre une forme de bonheur irréversible. Car, pour les écoles de sagesse grecques, quelles que soient leurs divergences de vues, la pensée doit transformer l'existence. C'est uniquement à partir d'une vie examinée par la réflexion que peut s'opérer cette conversion radicale. Elle modifiera jusqu'aux gestes quotidiens, jusqu'aux sentiments et émotions que l'on éprouve. La mutation, engagée par la pensée, va bouleverser le rapport aux autres aussi bien que le rapport à soi-même.

La clé de l'existence réside donc dans la pensée. Il convient de régler ses idées afin de régler son mode de vie. En fait, les deux ne cessent de renvoyer l'un à l'autre. Modifier sa vie, c'est modifier sa pensée. Penser autrement, c'est vivre autrement. Reste à savoir comment penser. Les Anciens, sur ce point, on va le voir, ne manquent pas de réponses.

II
PENSER

« SOCRATE – Est-il grec ? Parle-t-il le grec ?
MÉNON – Oui, bien sûr, il est né dans ma maison. »

PLATON, *Ménon*, 82 b.

Nous avons bien souvent le sentiment que penser est une activité à part, sans relation directe avec l'existence quotidienne, sans conséquences immédiates sur nos faits et gestes.

Cette séparation est illusoire et artificielle. Elle est dommageable, transformant l'activité intellectuelle en un jeu stérile réservé à quelques experts. C'est pourquoi, là aussi, nous avons grand besoin de vivre en compagnie des Anciens.

Car, entre vivre et penser, aucune rupture n'existe dans l'horizon antique. C'est toujours à partir des choses vues, des gestes accomplis, des réalités concrètes que se met en route le travail de la raison. L'exercice de la réflexion demeure une expérience de vie, même dans ses manifestations en apparence les plus abstraites.

En outre, si ardu que puisse devenir ce travail, il conserve toujours pour horizon la modification effective de l'existence. Rien n'est plus étranger aux Anciens, même les plus contemplatifs, qu'une abstraction désincarnée, radicalement coupée de toute dimension existentielle. Du monde des idées, il est toujours indispensable de descendre, de faire retour vers le bruit des foules, la confusion des corps, les multitudes bigarrées.

On devrait donc dire que la vérité, dans le monde des Anciens, n'est jamais recherchée uniquement pour elle-même, en vue de satisfaire un pur désir de savoir. Au contraire, la théorie a constamment pour perspective ses conséquences sur l'existence. Ou, plutôt, c'est l'idée même d'une vérité sans effets sur la vie qui est étrangère à la pensée antique. Découvrir une vérité, détenir une idée juste ne peut pas être dépourvu d'impact sur ceux qui y parviennent.

Nous avons tort de considérer la connaissance et l'action comme deux univers totalement distincts. Séparer de manière absolue logique et éthique, mathématiques et politique, philosophie et sagesse, ce n'est pas seulement faire fausse route. C'est s'interdire de comprendre comment s'agence, dans son geste le plus profond, l'univers de la pensée antique. Car ce monde est en fin de compte comme aimanté par l'idée de sagesse. Son but suprême : parvenir, par la pensée, à changer la vie.

Ce point central avait été oublié. Je me souviens comment, dans les années 1960-1970, au temps où je faisais mes études, parler à un professeur de philosophie de « bonheur », de « sagesse », de « maîtrise des passions », de « travail spiri-

tuel » sur soi-même suscitait le plus souvent un haussement d'épaules. Tout le monde, ou presque, était persuadé que le travail du philosophe, même dans l'Antiquité, consistait seulement à forger des concepts, à construire des analyses, à rédiger des cours et des livres.

Un chercheur d'exception est venu bouleverser cette conception. Il a su remettre en pleine lumière la conversion existentielle qui est au cœur de la pensée des Anciens. Pierre Hadot, disparu en 2010, a modifié en profondeur nos manières de lire les penseurs grecs et romains. Si j'ai tenu à dédier à sa mémoire ce bref parcours chez les Anciens, ce n'est pas par fidélité à sa rigueur, à laquelle je ne prétends en aucune façon, c'est par reconnaissance personnelle envers son amicale attention de toujours, et par une gratitude plus générale envers ce qu'il a su retrouver d'essentiel. Car, de livre en livre, Pierre Hadot a rappelé que le but premier de la philosophie antique consistait, avant toute chose, en un changement radical, concerté et volontaire, dans la façon d'être au monde.

Chez les épicuriens et les stoïciens en particulier, il s'agit avant tout de se transformer, de métamorphoser sa manière de vivre par un long et constant travail sur soi-même. Pierre Hadot a montré comment la tâche première du philosophe, dans l'Antiquité, était de changer sa vie, et non d'écrire des livres, ou même de travailler des concepts. Quand le philosophe donne des cours ou rédige des textes, c'est pour se soutenir lui-même dans cette métamorphose, ou pour aider ses disciples.

Quand Platon explique la création du monde dans le Timée, *quand Aristote rédige la* Physique *ou les* Météoro-logiques, *on pourrait les croire fort loin de ce cheminement vers la paix de l'âme. Ce n'est pas le cas : pour accéder à la sagesse, il est utile de savoir comment s'est agencée la matière et comment s'organise le cosmos. Tout, en fin de compte, est orienté, sinon subordonné, à cette visée : atteindre la sagesse.*

En ce sens, la philosophie antique est bien « thérapie de l'âme », cheminement vers le bonheur du sage, travail affectif autant qu'intellectuel pour se dépouiller de l'angoisse, des passions, de l'illusoire et de l'insensé. Elle est manière de vivre, et non simple façon de discourir. Mais cette vie s'ordonne sur la pensée. Elle est façonnée et modelée, jour après jour, par des préceptes philosophiques et des parcours de réflexion.

Tous ne sont pas de même nature. Tous ne sont pas formulés dans le même style. Mais tous sont impurs, mêlant allégrement l'intuition à la démonstration, la parole poétique à l'analyse conceptuelle. Nous avons tort d'imaginer les philosophes antiques comme des professeurs semblables à ceux que nous connaissons. En fait, ils ont des styles tout autres. Les plus logiciens ne répugnent pas à faire usage de mythes, les plus inspirés ne sont pas hostiles à la dureté des concepts.

Ce qu'ils font découvrir : l'expérience de penser comme mutation de l'existence.

3

Écouter la vérité

Héraclite, Démocrite

Nous ignorons, généralement, en quoi consiste l'expérience de la pensée. Apparemment, tout le monde se révèle capable d'une activité mentale. Chacun, selon ses capacités, se montre effectivement en mesure d'apprendre, de connaître et de reconnaître, de communiquer. Est-ce cela que nous appelons « penser » ? Si le terme signifie que des neurones fonctionnent, tout le monde pense. Pas seulement les humains, d'ailleurs, mais aussi les moutons, les mésanges et les mouches drosophiles.

Ce que « penser » veut dire, dans la perspective antique, est à la fois plus retreint et plus essentiel. Il s'agit d'écouter ce que dit le monde, d'entendre la langue des choses, le discours même du réel, et d'y conformer non seulement son esprit, mais la totalité de son existence et, si possible, celle de l'humanité. C'est pourquoi celui qui entend cette parole primordiale, qui la suit, la transcrit, l'explore et la transmet, a en lui du poète, du mage, du prophète tout autant que du logicien et du raisonneur. Il faut y insister : le philosophe antique n'est pas comme le nôtre.

Pour nous, c'est un penseur se fiant uniquement à la raison, abordant les questions sous l'angle de l'examen rationnel, se donnant comme objectif d'établir de manière déductive les affirmations qu'il soutient. Si nous nous en tenions aux termes d'une telle définition, il se pourrait que nous soyons victimes, une fois de plus, d'une erreur de perspective. Évitons de plaquer sur les Anciens une figure constituée chez les Modernes, de façon récente.

Même chez Socrate ou Platon, la raison est loin d'être tout entière maîtresse du jeu. Il est arrivé, dans des études récentes, qu'on tirât Socrate du côté des chamans... – non sans excès. Ce qui n'empêche nullement Platon lui-même – on l'oublie souvent – de souligner la part positive des « délires », de l'inspiration, voire de la possession. En tout cas, il est évident que, avant Socrate, les penseurs que nous avons pris l'habitude – à partir du XIXe siècle – d'appeler « présocratiques » sont plus proches des oracles et des prophètes que des rationalistes purs et durs.

Ils s'expriment souvent par tournures poétiques et formules imagées. Leurs pensées se réclament autant de l'inspiration, ou de la vision, que du raisonnement. Ils font confiance à l'intuition autant qu'à la déduction. S'ils envisagent d'étudier la nature d'une manière qui est déjà véritablement scientifique dans son approche et ses principes, ils demeurent immergés, à nos yeux, dans un univers à la coloration magique.

La coupure que nous avons coutume d'opérer entre « sage » et « philosophe », *sophos* et *philosophos*, ne leur est pas véritablement familière. Cette frontière, pour eux, n'est ni claire ni opérationnelle. Ces savants sont des sages. Pour reprendre une expression de Marcel Detienne, ce sont des « maîtres de vérité », plutôt que des philosophes au sens moderne. Penser n'est pas pour eux une activité froide, un pur agencement de déductions. C'est d'abord une expérience cruciale, où s'éprouve directement le monde.

Ces penseurs présocratiques – comme Parménide, Empédocle, Héraclite – vivent vers le vi^e siècle avant notre ère. Ce qui nous est parvenu de leurs œuvres est lacunaire : fragments dispersés, citations trouvées chez des commentateurs. Ce qu'on peut lire de leurs propos, ce ne sont en fin de compte que des bribes, rassemblées à partir de tous les auteurs qui les citent, le plus souvent à des siècles de distance.

En outre, ces citateurs sont parfois des adversaires, ce qui rend souvent douteuse leur fidélité au propos d'origine. Quand une formule ou une idée est attribuée à tel ou tel penseur, il arrive donc que nous ne puissions savoir avec certitude s'il s'agit d'une citation exacte, d'un simple résumé de ce qu'il a dit ou même d'une déformation volontairement polémique de sa doctrine...

Avec les présocratiques, comme avec nombre d'autres penseurs de l'Antiquité, nous sommes donc dans la situation où l'on serait, pour connaître Descartes, Hegel ou Nietzsche, si l'on ne possédait plus – en l'an 4000 – que quelques allusions, résumés et phrases du genre « comme le dit Descartes... ». Quelle pourrait être notre connaissance de ces œuvres si nous devions en reconstituer l'architecture à partir seulement de quelques bribes incertaines et dispersées ?

Du grand poème de Parménide, cent vingt-deux vers seulement nous sont parvenus. Pour Héraclite, nous avons quatre-vingts fragments environ – constitués de citations ou de résumés glanés par les philologues parmi les œuvres d'auteurs très postérieurs, Pères de l'Église (Clément d'Alexandrie, Eusèbe de Césarée) ou compilateurs tardifs (comme Stobée). Tous écrivent plusieurs siècles après qu'Héraclite eut enseigné.

Pour reconstituer une pensée à partir de cette poussière de notes éparses, un minutieux travail de crible est nécessaire. Des savants, principalement allemands, ont entamé, au XIXe siècle, le recensement de ces fragments disséminés, s'efforçant de les assembler comme les pierres d'une mosaïque perdue. Hermann Diels a compilé et classé les passages où il est question de chacun de ces penseurs « présocratiques ».

L'ensemble de ces fragments, même si tous ne sont pas pleinement intelligibles, laisse entrevoir des édifices impressionnants de puissance et de beauté. Nietzsche est le premier des philosophes contemporains à en avoir été conscient. Il a contribué à renforcer le mythe d'une pensée archaïque, immense et encore inexplorée, dont la fulgurance contiendrait des ressources pour notre avenir. Au XXe siècle, Heidegger a repris et développé ce mythe des Anciens encore devant nous, détenteurs de réserves que nous n'avons pas encore commencé à déployer ni même à redécouvrir.

Ce n'est pas un hasard si Héraclite, chaque fois, tient dans ce dispositif imaginaire une place centrale. Il est suffisamment singulier pour être considéré comme un monde à soi seul et occupe une place à part. Il est suffisamment elliptique pour que le travail des herméneutes soit sans fin. Enfin, il reste de son œuvre d'assez rares éléments pour qu'on soit tenté de les combiner en de multiples sens. Il en va de ces reconstitutions comme de celles de statues dont il ne reste qu'un morceau de bras, un doigt, un lobe d'oreille : les différents éclats de l'original disparu nous permettent à peine d'en esquisser la silhouette.

La parole du monde

NOM	Héraclite, né vers 540 avant notre ère
LIEU	Éphèse (Ionie, près de l'actuelle Izmir, en Turquie)
À LIRE	*Fragments*
POUR	Sa pensée du changement

Héraclite aurait pu être le père ou, plus vraisemblablement, le grand-père de Socrate. Il a quarante ans aux alentours de 500 avant notre ère, alors que Socrate naît vers 470. À la naissance de Socrate, Héraclite a donc soixante-dix ans – si toutefois il a vécu jusqu'à cet âge, ce qui n'est pas certain.

Sa pensée et sa parole sont parfois extrêmement difficiles à saisir. Les Grecs, de son vivant, l'avaient déjà surnommé « l'Obscur ». Pour nous, la situation se complique encore, car les fragments qui lui sont attribués, douteux ou tronqués, ne s'ajustent pas rigoureusement les uns aux autres. En fait, sur bien des points, la doctrine d'Héraclite demeure inconnue, et sans doute à jamais inconnaissable.

Malgré tout, la situation n'est pas entièrement désespérée. Deux points principaux peuvent être tenus pour assurés. Le premier est l'indissociabilité des contraires. Tout ce qui est se trouve inséparable de son opposé : pas de nuit sans jour, de paix sans guerre. Pas de vie sans mort ni de mort sans vie – et ainsi de suite. Les éléments du monde paraissent isolés et opposés les uns aux autres, mais ils sont solidaires du fait même de leur opposition : chacun de ces éléments antagonistes n'existe que par rapport à l'autre.

C'est en ce sens qu'Héraclite peut dire : « Tout est un. » Il n'y a qu'un seul monde, où se découpent, en se constituant réciproquement, ces éléments contraires. Ils dépendent de la manière dont on les regarde, du point de vue que l'on adopte sur eux. « C'est le même chemin qui monte et qui descend », dit Héraclite. Bien qu'il soit vu d'ici comme une côte à grimper et, de là, comme une pente à dévaler, il n'y a qu'un seul chemin. L'unité des contraires ne se manifeste donc pas seulement par leur interdépendance, mais par le fait qu'ils constituent ensemble la double face de la réalité, comme recto et verso d'une feuille de papier.

Second point principal : tout change sans cesse. Tout devient, tout est mobile, toujours en train de se transformer. « Tout s'écoule », dit Héraclite (en grec : *panta rheï*), tout cède — de manière permanente, continue, indéfinie. Rien dans le monde ne demeure fixe, stable, éternel. À l'opposé de la pensée de Parménide et des Éléates, qui centrent leur réflexion sur l'immuable, l'immobile, l'Être — qui ne change jamais, lui, alors que tout devient —, Héraclite soutient qu'il n'y a rien qui ne soit changeant et ne s'écoule.

C'est en ce sens qu'il faut entendre sa formule célèbre : « Tu ne te baigneras jamais deux fois dans le même fleuve. »

Elle signifie, évidemment, que le fleuve n'est jamais le même : d'un instant à l'autre, l'eau qui le constitue à un moment donné disparaît, et une autre s'y substitue. Ce n'est donc jamais dans le même fleuve que tu te baigneras. Mais on peut comprendre aussi que toi-même, le baigneur, n'es jamais le même : d'un moment à l'autre, ce que tu appelles « toi » se modifie. Le fleuve s'écoule, le baigneur aussi. Donc jamais n'existera la répétition de la même baignade, rencontre du même baigneur et du même fleuve.

Certes, il existe un cours à peu près stable de cette eau qui s'écoule, et une continuité relative de l'individu. Pourtant, ce que nous appelons objets, lieux, temps, identités ne sont que des approximations. Le fleuve comme parcours – ce lieu sur lequel on peut revenir, ce tracé qu'on peut inscrire sur une carte – apparaît en fin de compte comme un nuage ou un brouillard. Il occupe bien une certaine zone, mais, dans le détail, sa fixité est illusoire.

On pourrait se dire que, si tout change perpétuellement, si à chaque instant tout devient autre qu'il n'est, alors plus rien n'est connaissable. En effet, toute connaissance et tout savoir supposent des éléments fixes que l'on peut identifier et comparer les uns aux autres. Héraclite peut être aisément sauvé de ce piège du relativisme absolu. Car si tout change continûment, la loi du changement, elle, ne change pas : tout change, sauf le fait que tout change. On se trouve bien face à un devenir perpétuel, mais il est en lui-même étudiable dans ce qu'il a d'éternel et de permanent.

Penseur du devenir, et du conflit des opposés dans leur unité, Héraclite est donc aussi penseur de la rationalité du monde. Mais cette rationalité fait l'objet d'une expérience vécue. Pour qui sait voir et entendre, elle s'appréhende directement. C'est en tout cas la leçon que je tire, pour ma part, de ce fragment, au premier abord étrange, qui affirme : « Mauvais témoins pour les hommes, yeux et oreilles, s'ils ont des âmes barbares. »

On a pensé parfois qu'il s'agissait, avec ces « âmes barbares » (*barbarous psuchas*), de désigner les hommes qui ont l'âme grossière, épaisse et fruste. Il faut alors supposer que cette rusticité les empêche de soumettre à un examen critique le témoignage que leur transmettent leurs sens, et qu'ils sont donc leurrés par leurs propres yeux et oreilles, par ce que leur enseignent ces témoins sur le monde. Ce résultat est loin d'être satisfaisant.

Car la pensée maîtresse d'Héraclite, c'est bien que le *logos* gouverne tout – la nature aussi bien que nos pensées. La réalité tout entière est agencée par le *logos*, qui signifie en grec à la fois « parole » et « raison ». Cette parole qui habite la réalité, ce discours qui sous-tend la nature dans toutes ses manifestations, nous pouvons l'apercevoir directement par nos sens. Ceux-ci nous apprennent, si nous savons recevoir le message qu'ils recueillent, que tout s'écoule et que les opposés ne font qu'un : nous voyons ainsi le fleuve toujours dissemblable de lui-même, le jour et la nuit indissociables, le chemin qui monte et qui descend à la fois. Bref, nos yeux et nos oreilles sont bien des témoins fiables, si nous savons comprendre ce qu'ils voient et entendent.

Ils ne deviennent de « mauvais témoins » que si nous ne sommes pas en mesure de les entendre, *si notre âme ne parle pas la langue de la réalité*. Il me semble donc que, au lieu de songer que « barbare » signifie « grossier » ou « fruste », il est judicieux de conserver, pour lire ce fragment, le sens que la racine *barbar* avait chez Homère : un rapport faussé au langage. Des « âmes barbares », ici, sont celles qui n'entendent pas la langue de la nature. Au lieu de la déchiffrer clairement, elles vont bafouiller et bredouiller. Elles croiront qu'il existe des phénomènes fixes, des substances stables. Elles ne vont pas discerner à quel point les opposés ne font qu'un, elles vont les considérer comme des entités distinctes et antagonistes.

Il faudrait donc paraphraser *barbarous* ainsi : *Mauvais témoins pour les hommes, yeux et oreilles, s'ils ont des âmes qui ne parlent pas leur langage*

Entre Homère et Héraclite, un même noyau de signification perdure : « barbare » désigne toujours celui qui est mal ajusté à la langue, qui se trouve en porte à faux dans le discours, qui n'est pas en mesure de parler clair ni de saisir nettement le discours tenu. Toutefois, chez Héraclite, ceux qui parlent le langage du réel, qui sont en mesure d'entendre ce que disent les sens et qui ne s'égarent pas dans des illusions et des leurres sont de toute évidence les philosophes. Ici s'annonce, de façon encore ténue, un thème promis à une riche postérité : le philosophe réalise l'accomplissement de l'humain et de la compréhension de soi-même et du monde, alors que l'homme du commun demeure du côté de l'incompréhension, de l'insensé, de l'aveuglement ou de la surdité.

Comme tous les hommes, ces gens aux « âmes barbares » sont doués de raison. Mais ils en usent de manière déficiente, approximative, dépourvue de pertinence ou de précision. Ces « âmes barbares » parlent mal la langue de la pensée. Elles en confondent les vocables, en ignorent la syntaxe. Et, bien sûr, ces âmes barbares peuvent être des âmes grecques ! La phrase deviendrait absurde si l'on devait comprendre qu'elle concerne des âmes égyptiennes, perses ou lydiennes. « Barbares », ici, ne dénote en aucune façon « non grec », mais bien le défaut de compréhension et seulement lui. Si ces âmes sont étrangères, c'est à la pleine réalisation de leur humanité. Des Grecs à l'âme barbare sont, en un sens, étrangers à eux-mêmes.

Découvrir ce que penser veut dire, ce serait donc percevoir les paroles de la réalité. En éprouver le sens, en ressentir directement la portée. Les savoir vraies, d'emblée. Car penser, en ce sens, ne peut être que penser vrai – selon l'ordre même du réel, selon la loi intrinsèque au monde. Voilà des formules curieuses, face auxquelles on peut hésiter. Il me semble que l'expérience de la pensée, telle qu'on peut l'entrevoir à partir des Anciens, consiste justement dans le fait que cette hésitation cesse. Entre le discours, les idées et les choses se manifeste alors une correspondance à la fois indubitable et énigmatique. Les idées ne sont plus une région lointaine, encore moins une fable. Ce sont des parties du monde, aussi solides et compactes que roc ou bois massif. La signification du monde est aussi sensible, accessible et préhensible que les choses.

Du moins tant qu'on ne dit pas exactement l'inverse. Car Démocrite, au nom de la pensée, proclame au contraire que le monde est parfaitement dépourvu de sens. Il ne recèle ni ne révèle la moindre intention ni la moindre parole.

L'homme qui rit de l'insensé

NOM	Démocrite, né vers 460 avant notre ère
LIEU	Abdère (Thrace, nord de la Grèce actuelle)
À LIRE	*Fragments*
POUR	Son matérialisme sans illusions

Présocratique ? Et pourquoi donc ? En fait, Démocrite est contemporain de Socrate, né seulement neuf ou dix ans avant lui. Presque toute sa vie se déroule en même temps que celle Socrate et non pas « avant ». S'il est manifestement faux de le ranger parmi les prédécesseurs de Socrate, le fait qu'il y figure de façon fort usuelle est plutôt le signe d'un désintérêt, voire d'un mépris. Ou même d'une véritable haine. Elle se manifeste dès l'Antiquité.

On attribue ainsi à Platon l'affirmation qu'il faudrait brûler les œuvres de Démocrite. Impossible de savoir si le fait est avéré, mais il n'a rien d'invraisemblable – tant était forte la détestation de Platon envers ce penseur matérialiste. Démocrite soutient qu'il n'y a dans le monde que du vide et des atomes – c'est-à-dire des grains de réalité impossibles à casser, à briser, selon le sens même du terme grec *a-tomos* : « qui est impossible à couper, insécable ».

Platon devait détester le plus intensément, dans le matérialisme de Démocrite, le fait qu'il prive entièrement le monde de toute signification. Pour Démocrite, en effet, la réalité se trouve rigoureusement dépourvue de sens. Si les hommes doivent nécessairement lui construire une signification, la nature n'en possède aucune par elle-même. Sans doute ce philosophe est-il, dans l'histoire occidentale, celui qui le premier porta à son terme ultime le désenchantement et la désillusion.

Éternel et incréé, le monde n'a aucun sens. Impossible, dans une telle perspective, de se bercer d'une quelconque consolation. Inutile d'implorer, ou même de chercher à percer le secret de la présence – il n'y en a pas. Les hommes existent sans motif, leur vie est un accident, inéluctable mais sans portée particulière : « Ils sont sortis de terre, comme de petits vers, sans nul auteur et sans nulle raison », dira le chrétien Lactance, dans ses *Institutions divines*, quelques siècles plus tard, pour résumer la position de Démocrite. Cette rupture radicale avec l'attitude commune, ce refus des pansements habituels que nous maintenons pour parer à l'absurdité de l'existence, voilà sans doute ce qui a valu à ce philosophe sa mauvaise réputation et sa mise à l'écart par la postérité.

En son temps, il en allait autrement. Ce que retiennent ses contemporains, ce n'est pas le désenchanteur mais l'homme qui sait tout. Les Grecs semblent avoir éprouvé une vive admiration pour les connaissances encyclopédiques de Démocrite. Il incarne la figure du savant qui s'intéresse à tous les domaines de la réalité. Il représente l'appétit de savoir, le désir de tout observer, d'avoir tout rencontré. Il est *polumathos,* c'est-à-dire celui qui possède des connaissances diverses et variées sur tous les domaines de la réalité physique et humaine.

D'après les catalogues de ses œuvres que nous possédons encore, Démocrite aurait écrit sur de très nombreux sujets : phénomènes célestes, animaux, météorologie, pays lointains, mécanismes de la physique comme de la biologie. Il passe aussi pour avoir été grand voyageur. On lui attribuait des voyages en Égypte, en Inde et dans la totalité du monde connu. Il est peu probable que tous ces périples et toutes ces pérégrinations aient été effectués par le personnage réel qui portait ce nom et vécut à Abdère au milieu du ve siècle avant Jésus-Christ.

Toutefois, en parlant de Démocrite, dans l'Antiquité, on songe à un homme qui a tout vu et qui a emmagasiné

92

« la totalité du savoir dans la mesure du possible »,
comme dira plus tard Aristote pour définir la philosophie. La part conservée de son œuvre est mince. Elle est
malgré tout plus importante que celle d'Héraclite et de
bien d'autres. Plusieurs centaines de pages de Démocrite,
ou de résumé de sa doctrine, nous sont données à lire.

Il s'en dégage une conception matérialiste du monde.
Démocrite l'a héritée de Leucippe et l'a transformée. Un
étudiant en philosophie, au milieu du XIXe siècle, consa-
crera sa thèse à *La Différence des systèmes de Leucippe et
de Démocrite*. Il se nommait Karl Marx. Bien avant lui,
Épicure et d'autres avaient hérité la pensée matérialiste de
Démocrite.

S'il n'y a que des atomes et du vide, si aucune intention
divine ne l'a imaginé, si aucune volonté supérieure ne l'a
décidé, si seuls des processus mécaniques font exister ce que
nous voyons, alors ce monde incréé, dépourvu de signification, sans dieux, doit être sans religion. La pensée de Démocrite est radicalement opposée à toute forme de transcen-
dance, mais aussi à toute forme de croyance religieuse.

Elle semble même, selon certains témoignages,
s'opposer à l'ordre social. « Car, disait-il, les lois sont une
invention mauvaise et le sage ne doit pas obéir aux lois,
mais vivre librement. » Il convient toutefois de noter que
cette affirmation est attribuée à Démocrite par saint
Épiphane de Salamine (mort en 403), un Père de l'Église,
grand pourfendeur de toutes les hérésies, et peu enclin,

on s'en doute, à l'objectivité de l'historien envers un penseur de cet acabit…

On a jugé finalement que soutenir, comme Démocrite, que « l'univers n'est l'œuvre d'aucun démiurge » était signe de folie. La légende de Démocrite tisse ensemble la folie, la sagesse et le rire. Elle s'est constituée, semble-t-il, quatre ou cinq cents ans après sa mort. Cette histoire tardive veut que les habitants d'Abdère aient constaté que leur savant avait perdu le sens commun. Le voilà qui rit de tout – des deuils, des douleurs, des drames et des peines, des horreurs et des misères. C'est donc qu'il est fou. Il faut tout tenter pour le sauver, car sa déraison menace la cohésion même de la cité et perturbe la paix collective.

Hippocrate, le grand médecin de l'île de Cos, le père des thérapeutiques, est appelé par les Abdéritains au chevet du philosophe. Il l'examine et conclut : « Ce n'est pas folie, c'est excessive vigueur de l'âme qui se manifeste en cet homme. » Excès de science, voilà de quoi souffre le philosophe : il est victime de l'ignorance des autres, de leurs préjugés et de leur inconsistance. On le juge fou, mais seulement parce qu'il rit de la folie des hommes. La folie apparente se révèle donc sagesse, et le bon sens habituel paraît délirant. Mais cela ne dit pas encore pourquoi Démocrite est si gai. Hypothèse : dissoudre la signification du monde et de l'existence humaine engendre une angoisse que seul le rire peut surmonter.

Face au néant, au non-sens, à l'absence radicale de justification du monde, aux innombrables délires sans fin
des hommes, il ne reste à celui qui a scruté ce vide qu'à
éclater de rire, de manière interminable.

Un couple symbolique

Démocrite rirait donc, selon la légende. À cette figure
d'une résistance, allègre et lucidement désespérée, envers
l'injustifiable présence de la réalité, il fallait un complé-
ment, un autre visage, symétrique et inverse. Ainsi fut-il :
Héraclite allait devenir l'homme qui pleure… Qui donc
a inventé cette légende ? Qui a forgé ce couple ? Nul ne
le sait avec précision, mais la création est ancienne,
reprise de siècle en siècle et indéfiniment remaniée.

C'est un bon exemple de la plasticité des représentations des Anciens, et de leur fonction imaginaire. Voilà
deux philosophes qu'à nos yeux rien ne permet de rappro-
cher. Ils ne se sont pas connus, ils n'ont jamais entretenu
de dialogue ni même de polémiques par disciples interpo-
sés. Leurs doctrines sont dissemblables, à tel point qu'il
serait difficile, voire impossible, de les concilier. Mais elles
ne constituent pas des univers qui soient par essence antagonistes, nécessairement en lutte l'un avec l'autre.

Il est malaisé, en outre, de justifier ce qui peut permettre d'associer la figure d'Héraclite aux pleurs et
celle de Démocrite au rire. Considérer le premier

95

comme pessimiste et le second comme optimiste n'a pas grand sens, pas plus que de dire que l'un est triste, l'autre en joie. Or c'est pourtant ce qu'a voulu la légende. Très tôt, aux doctrines réelles de ces deux philosophes s'est superposé un couple de silhouettes stéréotypées. Il a fini par vivre sa vie, de façon pratiquement autonome, indépendamment de ce que l'on pouvait savoir de leurs œuvres. Cette représentation a réussi à s'imposer.

Elle semble s'être constituée entre le 1er siècle avant notre ère et le 1er siècle après. Cicéron, dans le *De oratore*, écrit déjà : « Qu'est-ce que le rire ? (...) Je laisse à Démocrite le soin de l'expliquer. » Dans des lettres attribuées à Hippocrate, mais rédigées probablement sous Tibère, au 1er siècle, Démocrite se voit attribuer cette réplique : « Je ne ris que d'un seul objet, l'homme plein de déraison, vide d'œuvres droites, puéril en tous ses desseins, souffrant sans utilité d'immenses labeurs, allant au gré d'insatiables désirs jusqu'aux limites de la terre et en ses abîmes infinis, fondant l'argent et l'or, ne cessant jamais d'en acquérir, et toujours troublé de n'en avoir plus. »

Juvénal, vers le début du IIe siècle, reprend le même thème : « Toute rencontre avec les hommes fournissait à Démocrite matière à rire. » Mais, cette fois, Héraclite en pleurs vient en opposition : « Sitôt le pied en dehors du logis, écrit-il, l'un riait, et l'autre pleurait. »

96

Sénèque, à son tour, va dans le même sens : « Héraclite, chaque fois qu'il sortait et voyait tant de gens autour de lui mal vivre, ou plutôt périr, pleurait, s'apitoyait sur tous ceux qu'il rencontrait joyeux et satisfaits... Démocrite, au contraire, ne paraissait jamais en public sans rire, tant il trouvait peu sérieux les actes que tous faisaient sérieusement. »

Dès lors, la machine est lancée. Elle ne s'arrêtera qu'entre le XVIIIᵉ et le XIXᵉ siècle ! Entre-temps, on retrouve le pleureur et le rieur notamment chez Lucien, dans *Philosophes à vendre*, chez Montaigne, chez La Fontaine, chez Spinoza. Ils essaiment également dans la littérature espagnole, hantent la peinture classique. On les retrouve chez Bramante, Rubens, Rembrandt, Jordaens, Velázquez, Ribera, Coypel... S'appuyant généralement sur un globe terrestre, Héraclite, l'air grave, et Démocrite, l'œil moqueur, symbolisent deux faces de l'esprit, deux attitudes de l'homme envers le spectacle du monde. En fait, deux postures indissociables de la pensée.

Mon intention n'est pas de suivre les aventures de ce couple imaginaire. Pour retracer ses pérégrinations dans la culture occidentale, un volume serait nécessaire. Je veux seulement demander ce qu'il peut nous apprendre. Que l'on peut rire et pleurer de l'existence ? Voilà qui serait bien peu intéressant, car qui l'ignore ? Que les Anciens font l'objet de légendes, de constructions imaginaires, de représentations qui traversent l'histoire ? Sans doute est-ce utile à rappeler, mais on le sait aussi.

Il me semble plus intéressant de chercher ce que la légende dit de vrai, ce qu'elle nous apprend sur la pensée. Non pas sur la pensée d'Héraclite, ni sur celle de Démocrite, mais bien sur la pensée en général. La réponse tient en quelques mots, mais ce qu'ils indiquent vaut d'être retenu et approfondi par la suite : pas de pensée sans émotion, pas de raison sans affect, pas d'idée sans tristesse ou sans joie, pas de philosophie sans corps secoué, de rires ou de sanglots.

Quelles leçons ?

Nous ne manquons pas seulement d'une expérience de la pensée, nous sommes également en manque d'un modèle d'unité ouverte. Je nomme ainsi la représentation capable de nous faire entrevoir corrélation et interdépendance entre ces domaines vitaux que nous avons tendance à séparer : matière et esprit, émotion et raison, poésie et savoir, art et connaissance, Antiquité et modernité... Au lieu de cloisonner, il faut relier, articuler, conjoindre. Mais de manière souple, mobile. Au lieu de concevoir des unifications dures, réduisant toute la diversité du réel à un principe unique ou à un seul registre, il faut concevoir une unité plurielle, feuilletée, multipolaire.

J'en trouve des éléments dans l'unité des contraires chez Héraclite, dans l'intuition d'un ordre du monde, d'une architecture logique de l'univers, dont aussitôt Démocrite m'apprend à me méfier, m'obligeant à rouvrir le jeu, à repenser indéfiniment le flux des corps et des pensées. Le fait qu'ils deviennent, l'un et l'autre, de réels qu'ils furent, figures de légende, voilà qui n'est pas pour me déplaire.

Car cela aussi contribue à maintenir ouverte l'expérience de la pensée. Voilà, je crois, ce que ces penseurs, éloignés et si proches, peuvent nous apprendre d'essentiel : que la pensée existe, et qu'elle n'est jamais close. Qu'elle est tissée de raison et d'affects, d'émotions et de concepts, de vérité et de fables.

En fait, il est très artificiel de vouloir, à toute force, départager l'imaginaire et le réel. Contrairement à ce qu'on nous incite normalement à croire, les penseurs ne se résument pas à un corps de doctrine. Ils sont aussi entourés – inévitablement – d'un halo de légendes, d'un corps d'images et de représentations, d'une suite de récits, de désirs et de rêves. Voilà sans doute ce que les Anciens nous apprennent plus clairement que les Modernes – qui n'échappent pas à la règle, mais la dissimulent de manière systématique.

Héraclite et Démocrite ne sont donc pas les seuls à enseigner que les penseurs sont rêvés tout autant que compris. Ils ne sont pas non plus les seuls à maintenir ouvert, par le mouvement de leur confrontation, l'espace de la réflexion. Dès qu'on y prête attention, la même ouverture, chez les plus grands, est partout visible.

4

Garder la tête ouverte

Platon, Aristote, Sextus Empiricus

À mon avis, ce qu'il y a de terrible, Phèdre, c'est la ressemblance de l'écriture avec la peinture. De fait, les êtres qu'engendre la peinture se tiennent debout comme s'ils étaient vivants ; mais qu'on les interroge, ils restent figés dans une pose solennelle et gardent le silence. Et il en va de même pour les discours. On pourrait croire qu'ils parlent pour exprimer quelque réflexion ; mais, si on les interroge, parce qu'on souhaite comprendre ce qu'ils disent, c'est une seule et même chose qu'ils se contentent de signifier, toujours la même.

Que dit Socrate, dans ce passage du *Phèdre* de Platon ? Le sens paraît évident : un texte écrit ne fait que répéter, il dit toujours la même chose, il est fixe, immuable, incapable de répondre aux questions. Il semble parler, en fait il se tait. À l'inverse, la parole vivante – celle d'un individu réel, présent devant nous et avec qui nous entrons en discussion – est toujours différente. Elle s'affirme,

101

mais d'une manière imprévisible, inventive, car elle se fabrique elle-même à mesure que la discussion avance et que le dialogue se poursuit. Pour l'essentiel, la signification de ce passage célèbre paraît donc explicite.

Mais qu'y a-t-il derrière ? Quelle autre leçon pouvons-nous en tirer ? Par rapport à nos manques actuels, quelle ressource ou quelle incitation pouvons-nous y trouver ? Le texte suggère, en fin de compte, que la pensée est un mouvement, la réflexion, un processus indéfiniment ouvert, toujours à poursuivre. Pas de mise en lumière des questions ou d'analyse de concepts sans un périple où existe toujours de l'imprévu.

Voilà un élément central pour notre présent. En effet, nous manquons d'une expérience continue de l'ouverture de la pensée. Nous n'avons le plus souvent qu'un souvenir vague de ce mouvement permanent qui rend la réflexion indéfiniment mobile. Pour nous, la plupart du temps, les questions sont délimitées, la réflexion doit s'arrêter nécessairement sur des réponses. L'important, ce sont les résultats. Dès qu'ils sont là, la tâche est terminée, la pensée peut s'arrêter ou s'endormir. En fait, c'est l'inverse qui est vrai. Il n'y a de pensée véritable que mobile, toujours fluide, indéfiniment ouverte.

Voilà ce que nous apprennent, chacun à sa manière, ces monstres que sont Platon, Aristote et Sextus Empiricus. Cette affirmation peut surprendre. En effet, ces grands noms passent d'abord et avant tout pour des philosophes possédant une doctrine, un corps de concept, une méthode et des résultats. On prête attention à leurs aboutissements, plutôt qu'au mouvement de leur réflexion. Je crois qu'il serait utile de nous efforcer de les lire en suivant la direction inverse : ce qu'ils enseignent de plus précieux, ce n'est pas leur système, mais la marche de la pensée.

L'homme qui préfère l'immuable

NOM	Platon, né vers 427 avant notre ère
LIEU	Athènes
À LIRE	Tout ! Absolument tout !
POUR	Découvrir ce que penser veut dire

Platon est-il seulement le philosophe qui a scindé le monde en deux étages distincts ? Certes, il a fondé ce clivage qui a traversé les siècles : d'un côté, un espace de la matière, du sensible, toujours changeant, difficilement fiable, rassemblant les sensations sur lesquelles nous avons du mal à compter, car tout ce que nous touchons, voyons, goûtons s'impose à nos sens mais se trouve marqué par l'évanescence et l'incertitude. De l'autre côté, le versant du monde à privilégier, celui des formes, le monde des idées, habité par des essences immuables, que caractérisent leur perfection, leur immobilité, leur éternelle netteté. Ces vérités éternelles, inoxydables, constituent la matrice, le modèle absolu de tout ce que nous voyons.

103

Par exemple : l'idée du cercle est toujours identique à elle-même, éternellement incorruptible. La multitude d'objets circulaires existants – dessinés à la craie, figurés sur le sable, découpés dans du bois ou du tissu – sont tous soumis à la dégradation progressive. Si je brûle tel ou tel objet circulaire, si j'efface au tableau la figure de craie qui s'y trouve, je ne modifie en rien l'idée du cercle. Elle demeure immuable et immobile.

Avec en tête ces caractéristiques du platonisme, on risque fort de transformer la pensée de Platon en un système rigide, une doctrine privilégiant le diamantin et le cristallin sur le charnel. Pourtant, même si on se reporte au texte central pour cette division qu'est l'*Allégorie de la caverne*, il n'est pas assuré qu'il en soit réellement ainsi. Ce qu'on retient de la mise en scène – cette curieuse histoire de prisonniers enchaînés depuis l'enfance, prenant des ombres portées pour des objets réels, puis détachés, emmenés à l'air libre, s'accoutumant à la lumière et au vrai monde –, c'est une conclusion dogmatique : le monde que nous croyons réel est fait seulement d'ombres et de reflets, le monde vrai est celui des idées, fournissant les modèles de tout ce que nous voyons. Encore une fois, si on en reste là, on jugera Platon fixiste.

Pourtant, dans ce texte paradigmatique, il faut prendre garde à ce qui constitue le mouvement même de la philosophie : détacher le prisonnier, défaire ses liens, le contraindre à se lever, à marcher, à quitter sa position primitive, à monter péniblement vers la lumière, le ciel des idées, la vision des choses réelles. Dans cette description, il convient d'être attentif à ce fait central : il n'est question que de mouvements. Ce qui compte, c'est la marche. Vers l'extérieur de la caverne, mais aussi, plus tard, vers les ténèbres, quand il faudra redescendre. Platon y insiste : on ne va pas permettre au philosophe de rester éternellement à contempler la vérité, il doit rejoindre ses anciens compagnons, retrouver les prisonniers dans l'obscurité, autrement dit, revenir dans la réalité de la société – affaires politiques, commerce confus entre les hommes – pour y mettre de l'ordre. Là aussi, le mouvement est central : il faut cheminer à rebours, avancer pour redescendre à l'intérieur de la caverne.

Du coup, l'important chez Platon n'est pas seulement le fixe et l'immuable. C'est aussi le passage, la marche, le chemin, le pied mis péniblement devant l'autre, le pas à pas. Ces métaphores corporelles incarnent un mouvement de la pensée plus crucial pour la philosophie que la pure contemplation. Celle-ci n'est qu'un moment d'arrêt entre deux mouvements : l'un pour parvenir à la vérité, l'autre pour redescendre appliquer cette vérité dans le monde humain.

Ce qui conforte ce jugement sur la place centrale du mouvement dans la démarche de Platon, c'est la forme même de son œuvre. Les commentateurs – disciples ou adversaires – ont inventé au fil des siècles une doctrine baptisée platonisme. Cette doctrine n'est pas fictive, au sens où il n'y aurait aucun platonisme chez Platon. Mais il faut toujours la reconstituer, et même la construire. Ce « platonisme » n'est exposé nulle part. Platon n'a écrit aucun traité explicitant sa philosophie, disant noir sur blanc quelle est sa doctrine.

Sa manière : faire parler des personnages. Celui-ci semble refléter ce qu'il pense, cet autre paraît soutenir exactement l'inverse. En lisant, on peut certes discerner ce que Platon préfère. On croit donc pouvoir reconstituer avec vraisemblance sa doctrine. Pourtant, rien n'est jamais affirmé clairement. On peut toujours se dire que ce que soutient ce personnage n'est pas nécessairement ce que Platon pense.

Cette mise en scène construit un authentique théâtre d'idées – avec ses intrigues, ses rebondissements, ses voix disparates, leurs timbres et leurs rythmes. On y trouve tous les éléments des pièces de théâtre : scènes de genre, monologues, échanges de répliques acerbes, moments de colère ou d'émotion, longues tirades... Ce dispositif incarne le mouvement même de la pensée : toujours plusieurs points de vue, plusieurs dimensions se répondant.

Socrate, en soulignant qu'aucun texte ne répond à son lecteur comme le fait un interlocuteur vivant, avait sans doute en tête cette ouverture mobile de la parole circulant entre plusieurs protagonistes. En fait, avec ces dialogues mettant en scène différents personnages et leurs répliques, Platon a tenté d'inventer une autre manière d'écrire. Il a voulu mettre en œuvre un type de texte qui ne soit pas figé, qui conserve une capacité de bifurquer, de surprendre. Une forme de pluralité irréductible.

Les dialogues incarnent effectivement ce mouvement multiple. Nous avons tort de croire que « dialogue » signifie « conversation à deux ». Le verbe *dialegô* signifie s'entretenir, discuter, expliquer, discourir. Il indique un cheminement à travers (*dia*) la parole et la raison (*logos*). Il ne s'agit donc pas d'être seulement deux (ce serait un « *duo*logue », non un dialogue). C'est par une habitude fondée sur un contresens que nous opposons dialogue (où parlent deux personnes) à monologue (où s'exprime un seul). Le monologue ne concerne effectivement qu'un seul, mais le dialogue, lui, peut rassembler et opposer deux, trois, quatre ou *x* interlocuteurs.

Par cette pensée à plusieurs, Platon ménage l'ouverture, le mouvement indéfini des idées, la possibilité permanente d'un rebondissement de l'analyse, d'une nouvelle reprise de la réflexion. En soutenant que la pensée consiste en un « dialogue de l'âme avec elle-même », il indique que l'autre n'a pas à être physiquement présent pour intervenir dans le processus même de la réflexion. Je n'ai pas besoin d'avoir toujours un ou plusieurs interlocuteurs, en train d'échanger avec moi idées, objections et répliques pour qu'existe cette dimension d'ouverture à l'altérité qui définit l'exercice de la pensée. Même si je suis seul, même si je me tais, le seul fait que je sois en train de réfléchir est déjà un dialogue – parce que en réfléchissant se constituent plusieurs

107

voix dans ma propre tête. Je me dis : « Oui, cela semble vrai, mais après tout on pourrait aussi voir les choses autrement… Et si je tenais compte de cet élément que je n'ai pas encore vu, cela ne changerait-il pas la perspective ? »

Jamais la pensée n'est un bloc homogène, compact, massif, immobile. À l'intérieur de ce qu'il y a en elle de plus dense, du mouvement est essentiel. Penser implique du fluide, de l'aérien – tout le contraire de ce que l'on est accoutumé à attribuer à Platon. Il suffit pourtant de le lire, me semble-t-il, pour percevoir cette dimension. Peut-être préfère-t-on la mettre à l'écart parce qu'elle ne rassure pas vraiment. Elle suggère en effet que le philosophe n'est pas un ancien prisonnier désormais délivré à jamais, mais plutôt, si l'on ose dire, un éternel fugitif.

L'homme qui veut tout savoir

NOM	Aristote, né vers 384 avant notre ère à Stagire
LIEU	Athènes
À LIRE	*Métaphysique, Politiques*
POUR	Son rôle historique majeur

Cette mise en perspective, on peut la répéter, *mutatis mutandis*, à propos d'Aristote. On croit sa pensée rigide et close, elle n'est faite, elle aussi, que de mouvement, d'ouverture et de fluidité. Il est vrai qu'au premier regard Aristote est massif. On peut même ajouter qu'il est souvent lourd, pesant. Ce n'est pas un styliste, comme son maître Platon, un homme à la parole aisée et séductrice. Cette impression est largement liée au fait que nous n'avons plus que les notes de cours d'Aristote, non ses textes rédigés. Cicéron s'émerveille de la beauté de son écriture, après avoir lu des œuvres aujourd'hui totalement perdues.

Pourtant, même en tenant compte de l'histoire particulière de ces héritages, il reste incontestable qu'Aristote est plus professoral, plus argumentatif que Platon, et infiniment moins élégant. La pesanteur d'Aristote va de pair avec sa puissance, car elle se trouve liée – comme tout étudiant, voire tout lycéen, le sait ou devrait le savoir – à l'armature des règles logiques qu'il a mises en œuvre. On doit à ce maître d'avoir mis à nu les catégories à partir desquelles nous pensons. Il a dégagé les lignes de force de nos raisonnements et formulé les principes fondamentaux de la logique – comme le principe de non-contradiction.

Pourquoi une pensée ne peut-elle pas être contradictoire ? Par nature. Je ne peux pas penser un cercle carré. Soit je pense un cercle, soit je pense un carré, mais je ne pourrai parvenir à conjoindre dans ma représentation des caractéristiques qui s'excluent. Bien sûr, je peux toujours prononcer les mots « cercle carré », mais je n'aurai aucune pensée correspondant à ces termes. Si je prétends malgré tout penser « quelque chose » en pensant un cercle carré, je plaisante, ou bien je mens.

L'apport d'Aristote ne se limite évidemment pas à la logique. Il est également décisif dans le domaine de la métaphysique. Ses analyses de la question de l'être, de l'être suprême, du premier moteur constituent des socles de la philosophie occidentale. C'est également le cas de ses traités consacrés aux questions politiques, à la constitution la meilleure pour une cité, ou bien encore à la structure de la tragédie ou de la comédie.

C'est donc légitimement qu'on peut avoir le sentiment que « le maître de ceux qui savent », comme on disait au Moyen Âge, constitue l'exemple le plus achevé d'une pensée solide, construite sur des résultats vérifiés et des termes clairement définis. L'apport essentiel de cette œuvre systématique à la philosophie tient à sa construction exigeante, à ses méthodes probatoires et à ses résultats – pas à son mouvement.

Si on croit cela, on aura tort, là aussi. Car Aristote est en fait un passionné de savoir, une sorte de boulimique qui sait pertinemment qu'il n'en aura jamais fini avec la connaissance du monde. Cet affamé poursuit une enquête sans terme, sans fin, sans ligne d'arrivée ultime. Certes, il acquiert des connaissances, conquiert des domaines entiers de réflexion. Mais ces victoires, chaque fois, ouvrent de nouveaux horizons à atteindre. La faim de connaissances, chez Aristote, est permanente et insatiable. En définissant la philosophie comme « la totalité du savoir dans la mesure du possible », il sait que cette totalité sera toujours ouverte. Jamais la totalité du savoir ne se trouvera détenue. Aristote sait déjà, ce que nous savons encore mieux que lui, que le jour n'arrivera jamais où l'on dira : « La science est terminée, nous savons tout, nous n'avons plus besoin de chercher. »

Voilà pourquoi ce philosophe se fait apporter des poissons inconnus par un réseau de pêcheurs. Quand ils ramènent une bizarrerie dans leurs filets, un spécimen comme ils n'en ont jamais vu, ils les lui font parvenir – pour qu'il dissèque, observe, prenne note. L'homme s'intéresse aussi aux serpents, aux bisons, aux étoiles, à la manière dont la mémoire grave les souvenirs. Il cherche à comprendre, par exemple, comment s'organisent les rêves, le sommeil, les marées, les éclipses, l'érection, la sécrétion du sperme ou la digestion des poissons.

Ce qui l'anime est bien une curiosité insatiable. Son enquête se poursuit dans tous les domaines, sans discontinuer – depuis les principes de la logique jusqu'aux habitants de la mer. Une légende lui attribue des dispositifs pour ne pas s'endormir et continuer à réfléchir et à rédiger, le plus possible. Ce qu'il cherche ? Comprendre, étudier, éclairer la totalité du monde. Or cette forme d'ouverture du savoir, ce sens aigu des surprises que recèle la réalité, cette permanente attention à la recomposition des analyses en fonction des éléments nouveaux font d'Aristote non seulement un des fondateurs des sciences et des méthodes d'investigations scientifiques, mais aussi, plus profondément, un chercheur

111

polymorphe dont la pensée est en permanence un hymne au mouvement, à la mobilité des idées.

L'homme qui doute de tout

NOM	Sextus Empiricus, né vers 190 de notre ère
LIEU	Alexandrie, Athènes
À LIRE	Tout, sans hésiter
POUR	Apprendre à se méfier des savoirs

Avec Sextus Empiricus, la question du mouvement se pose autrement. Voilà en effet un auteur qui n'a pas l'air d'avoir une doctrine affirmée. Maître du scepticisme, dont il récapitule tous les aspects, il organise son œuvre comme une machine à détraquer les certitudes. Ses livres sont d'abord des plans de bataille, des armes de destruction. Sa démarche consiste toujours à défaire ce que l'on croit assuré, à montrer que les êtres humains n'ont guère de certitude qui tienne. Élève de Pyrrhon, Sextus Empiricus s'en prend systématiquement à tous les savoirs dans ses *Esquisses pyrrhoniennes*, exposé complet de la démarche du scepticisme. Cette œuvre, qui date des environs du IIIe siècle de notre ère, est un des rares textes de l'Antiquité qui nous soient parvenus en entier, sous une forme vraisemblablement très proche de celle que l'auteur lui-même avait donnée à son texte. Cette somme paradoxale fut traduite en latin par Henri Estienne en 1562. Cette version connut dans l'Europe de

112

Montaigne, de Machiavel et de Pascal une fortune considérable.

Sextus ne soutient pas de thèse et veut montrer qu'on ne saurait en soutenir aucune : ce que nous prenons pour des savoirs, ce ne sont que des questions mal posées, des illusions ou des artifices. Quel est donc le lien avec ce qui nous occupe, l'ouverture de la pensée et son mouvement ? Derrière l'aspect corrosif et destructeur des argumentations du scepticisme, on ne trouve pas seulement – comme on l'a vu avec Pyrrhon –, un souci de sérénité et de délivrance. On peut discerner également une volonté de maintenir ouverte l'attente du savoir.

Non, nous ne savons pas ! Ce que nous croyons tenir de plus solide est encore fragile. Il nous faut continuer à chercher. Il importe de trouver les dispositifs qui pourront nous permettre – un jour, peut-être – d'atteindre à une connaissance effective. Tout ce que nous savons *pour l'instant* se révèle incertain… C'est bien une manière d'inciter à poursuivre la recherche, de maintenir ouverte la quête de vérité. L'autre ouverture qui se manifeste dans les recherches de Sextus Empiricus, c'est que la réalité elle-même demeure incertaine. Nous pouvons être tout à fait sûrs de nos perceptions, mais pas du lien qu'elles entretiennent avec le monde, que probablement nous ne pourrons jamais connaître.

Quelles leçons ?

Pour nous qui vivons à présent entourés de tant de savoirs et de formes de connaissance, nous qui avons la conviction que des experts sont disponibles pour tous les domaines, qu'il va suffire de convoquer le spécialiste, rien sans doute n'est plus utile que ces leçons d'inachèvement. De diverses manières, les Anciens rappellent l'ouverture de la pensée, l'incertitude fondamentale qui est nôtre face au monde, le caractère perpétuellement inachevé de nos savoirs. Contre l'hyperexpertise, voilà donc un antidote primordial.

Dans le domaine des savoirs, notre travers unilatéral nous fait croire que la connaissance positive chasse l'ignorance. Nous oublions cette vérité massive : tout savoir accroît ce que nous ne savons pas. Ce qui, à l'inverse, ne doit pas conduire à conclure que notre ignorance l'emporte. L'essentiel, en fait, est ce double mouvement en équilibre instable : nous savons de plus en plus, indiscutablement, et c'est pourquoi nous ignorons de manière croissante. Les deux vont de pair, constamment. Interminablement.

Encore faut-il que cette dualité soit sans cesse ravivée. Grecs et Romains le savent pertinemment. C'est pourquoi les philosophes antiques apparaissent comme des « gardiens de l'ignorance ». Ne pas laisser les savoirs se clore, satisfaits de leur expertise et imbus de leurs pouvoirs, voilà ce qui est en jeu. Il faut maintenir le mouvement d'ouverture de la connaissance. Socrate disait, chacun le sait aujourd'hui : « Tout ce que je sais, c'est que je ne sais rien. » En répétant cette formule, nous avons tendance à oublier combien elle est toujours actuelle. Et combien notre temps, plus que d'autres, doit la réactualiser. Pour le maintien de la science elle-même, pour la pérennité du sens de sa démarche.

Car il ne s'agit pas simplement de dire : « Nous en savons beaucoup, mais restons humbles, et surtout prenons garde aux usages de tant de connaissances acquises. » Ce qui est en question a trait au cœur même de la connaissance scientifique. « Nous n'en aurons jamais fini de chercher » est ici une maxime plus appropriée, et finalement plus proche de ce qu'ont affirmé les Anciens.

Ce qu'ils ont de plus précieux, en l'occurrence, est donc de nous reconduire au centre de la science. Certes, les données dont ils disposent sont « préscientifiques ». Ils ne savent pas, sur la composition de l'univers et les processus de la matière, le milliardième de ce que nous pouvons prétendre connaître. Malgré tout, ils sont d'emblée là où toute démarche scientifique nécessairement se tient : dans la dialectique du savoir et de l'ignorance, dans l'interminable déploiement du désir de connaître. Mais aussi, si l'on se souvient que la raison n'est pas sans affect, dans ce choc tellement singulier : l'émotion de ne pas savoir.

III
S'ÉMOUVOIR

« Comment ont-ils péri ? Tu redoubleras mon plaisir,
s'ils sont morts dans les derniers tourments. »

EURIPIDE, *Médée.*

Platon enseigne que la philosophie est un théâtre. Il faut ajouter que le théâtre, lui aussi, est porteur de philosophie. Parce qu'il développe des arguments ? Parce que des idées, sur scène, sont illustrées, défendues, attaquées, décortiquées ? Pas du tout. La transformation des intrigues en dissertations est une affaire moderne. Chez les Anciens, c'est en un autre sens que le théâtre est philosophe. Il donne à penser par l'émotion.

Voilà l'une des choses dont nous manquons sans doute le plus. Nous avons évidemment à notre disposition toutes sortes de pensées, de discours théoriques, d'appareils conceptuels, de systèmes d'analyse. Nous avons aussi quantité de machines à émouvoir, de dispositifs pour faire rire, pleurer ou rêver au moyen d'images terrifiantes ou grotesques, d'histoires brutales ou sirupeuses. En papier, en vinyle, en couleurs ou en noir et blanc, nous avons sous la main, stockées, plus d'émotions disponibles que nous ne pouvons en ressentir.

Ce que nous n'avons pas, ce sont des émotions pensantes. Nous ne savons même plus ce que cela veut dire. Être saisi de terreur ou de joie et confronté – en même temps, au sein de cette émotion même – à une question qui nous étreint et traverse toute notre existence, nous n'avons plus vraiment idée de ce que c'est. La panique grandiose, le rire radical, ces troubles intenses qui mettent en route la réflexion, l'exigent, la nourrissent, nous ne les rencontrons que très rarement, parfois jamais.

Sauf chez les Anciens. Dans ces conflits étranges que mettent en scène les tragédies, dans ces insolites décalages que la comédie suscite. À condition de ne pas les regarder avec des lunettes déformantes ni des interprétations toutes faites. Pour entrevoir ce qui se trame dans ces émotions pensantes, il faut commencer par écarter ce que nous croyons savoir de ce théâtre.

5

Traverser le malheur

Eschyle, Sophocle

Un héros qui se dirige vers sa destruction, vers une mort inéluctable. Voilà, semble-t-il, le premier élément de la tragédie. Tuer son père sans le savoir, épouser à son insu sa mère (Œdipe), être sacrifiée par son père (Iphigénie), massacrer ses enfants (Médée), toujours réaliser l'oracle au moyen des efforts déployés pour tenter de le faire échouer – tel est le schéma général. Le tragique serait donc synonyme de destruction inéluctable : le héros accomplit son destin – forcément funeste – en essayant, par tous les moyens, d'y échapper.

Dans cette perspective devenue habituelle, le propre de la tragédie est de confronter sans cesse nécessité et liberté, destin et décision. Serait tragique ce dispositif essentiel : tout ce que l'on fait pour échapper à la destruction y mène, par une ruse effarante et diabolique. On s'enfonce un peu plus chaque fois qu'on tente de sortir. Une malédiction interne anime les trajectoires de ces familles maudites, comme celle des Atrides : Agamemnon est tué par sa femme, son fils Oreste va tuer sa mère pour le venger, il se trouvera alors submergé par la folie... Les engrenages sont tels que nul ne saurait échapper au destin qui l'attend. Le personnage est détruit par son aveuglement, sa passion, par la démesure qui l'habite.

Tel est bien, pour mémoire, le cadre dans lequel on veut se situer dès que l'on parle de tragédie grecque. Pourtant, dès qu'on regarde les textes eux-mêmes – la complexité de leurs dispositifs, la diversité de leurs dramaturgies, la disparité des intrigues qu'ils mettent en œuvre –, on se rend compte que le schéma est bien moins simple, et moins mécanique.

La tragédie est plus énigmatique qu'on ne le pense. Son apparition soudaine est étrange, la courte durée de son existence historique également. C'est aux alentours de l'an 500 avant notre ère que se tiennent les premières représentations données dans le théâtre de Dionysos, non loin du Parthénon, sur l'Acropole. Cette forme de théâtre, pour autant que l'on peut en juger, n'a été précédée par rien. La philosophie ou l'interrogation scientifique, elles, transforment des matériaux anciens : elles retravaillent des mythes, des maximes populaires, elles métamorphosent des pratiques religieuses. Sans nier la nouveauté de leurs démarches, il est possible de repérer qu'elles ont été précédées, préfigurées ou préparées par des processus antérieurs.

En revanche, nous ne connaissons aucune forme théâtrale préfigurant les tragiques grecques. Rien qui permettrait de les expliquer. L'apparition de la tragédie est soudaine et fulgurante. Et la brièveté de son efflorescence est étonnante. Certes, il existera des auteurs tragiques jusque vers la fin de l'Empire romain. Au ve siècle de notre ère, des représentations se donnent encore. C'est donc pendant presque mille ans que perdure le genre. Mais son véritable développement et son arrivée à maturité tiennent sur quatre-vingts ans, comme la naissance de la démocratie athénienne.

Le terme même de « tragédie » est énigmatique. *Tragos* signifie « bouc » et *odos* « chant ». Mot à mot, la tragédie est donc « le chant du bouc », mais personne ne paraît en mesure de dire pourquoi, ni ce que cela signifie véritablement. Certains historiens pensent que des hommes déguisés en bouc commencèrent à réciter les premiers chants tragiques, mais nous n'en avons aucune preuve. C'est même relativement peu vraisemblable, car on connaît, dans la mythologie grecque, des hommes-chevaux, les centaures, mais pas d'hommes-boucs, au moins dans les représentations conservées. On a imaginé que l'on offrait un bouc, comme récompense, au meilleur auteur de tragédie. Là aussi, on ne voit pas bien ce que cela signifierait de particulier. Une autre hypothèse est qu'un bouc était offert en sacrifice à Dionysos au moment de ces rituels théâtraux. Ce n'est pas invraisemblable. Rien non plus n'est établi de manière véritablement définitive.

En revanche, nous savons avec certitude que les trois grands auteurs qui résument à eux seuls toutes les facettes de la tragédie antique – Eschyle, Sophocle, Euripide – se succèdent en moins d'un siècle. Eschyle est l'aîné, Sophocle et Euripide sont pratiquement contemporains, bien que Sophocle soit plus âgé. Ayant vécu jusqu'à un âge très avancé, il a été durant une large partie de son existence le contemporain d'Euripide.

Dernière singularité : nous n'avons de cette soudaine et courte floraison d'œuvres qu'une vue partielle, voire lacunaire. Sur quatre-vingt-dix-huit pièces attribuées à Eschyle, il ne nous en reste que sept – moins d'un dixième. Sur cent vingt-trois tragédies que Sophocle a probablement écrites, nous en possédons sept également, à peine un vingtième. Et sur les quatre-vingt-douze attribuées à Euripide par les récits des commentateurs de l'Antiquité, par bonheur dix-huit sont conservées – ce qui représente moins du cinquième de l'œuvre.

Même si nous avons attribué une importance littéraire, philosophique et humaine considérable à l'ensemble de ces tragédies, nous n'en avons en tout et pour tout qu'une trentaine – trente-deux exactement. Eschyle, Sophocle et Euripide en ont probablement écrit, à eux trois, un peu plus de trois cents. Ce dixième nous suffit amplement pour avoir conscience de leur génie et de leur importance dans l'histoire de l'humanité. Toutefois, dans ce cas comme dans bien d'autres, il est possible que notre perspective soit déformée, notre vue partiale parce que partielle. Notre jugement serait peut-être différent si nous possédions une autre proportion des originaux. Toutefois, avec la partie conservée que nous pouvons lire, bien des tragédies grecques de la période classique ne correspondent pas, dans la réalité de leur agencement, aux conceptions que nous en avons.

La douleur des autres est nôtre

NOM	Eschyle, né vers 525 avant notre ère à Éleusis
LIEU	Athènes
À LIRE	*Les Perses*, l'*Orestie*, *Les Sept contre Thèbes*
POUR	L'étrangeté

Qu'on considère, par exemple, *Les Perses* d'Eschyle. Son point de départ est-il une scène mythologique ? Un épisode archaïque, des héros de légende ? Pas du tout. C'est l'actualité, au contraire. En tout cas, un grand événement contemporain, incontestablement réel, présent dans toutes les mémoires, une guerre que la plupart des spectateurs ont vécue. Entre la bataille de Salamine, où les Grecs parviennent à massacrer la flotte et l'armée

125

perses, et la tragédie d'Eschyle, huit ans seulement se sont écoulés.

S'agit-il d'une histoire purement grecque ? Difficile à décider. Le génie d'Eschyle est en effet de situer l'action chez les autres, les ennemis vaincus. La pièce met en scène l'annonce de la défaite, la douleur des mères, le deuil des soldats qui ont péri au loin. Voir sur scène les Perses souffrant de la perte des leurs, les femmes se lamentant, l'empereur accablé, a sans doute pour premier effet de susciter, chez les spectateurs athéniens, un sentiment de fierté, la satisfaction d'avoir remporté une victoire qui paraissait impossible.

Il faut se rappeler, en effet, que les Grecs se sont battus contre les Perses à un contre dix. Leurs chances de l'emporter paraissaient des plus minces. Les Perses sont riches, nombreux, bien armés, organisés, disciplinés. Ces « barbares » sont tout le contraire de ceux que combattront, des siècles plus tard, les légions romaines sur les rives du Danube ou du Rhin. Les hordes du Nord sont pauvres, disséminées, frustes, insoumises, mal commandées. Quand les Grecs s'imaginent eux-mêmes face aux Perses, ils se représentent au contraire un petit peuple pauvre face à un empire immense où l'or brille de toutes parts, de maigres groupes de soldats déterminés face à une gigantesque armée impériale suréquipée. Il va sans dire que l'imagination a sa part dans ces représentations. Celles-ci ne reposent pas moins sur une incontestable disproportion des puissances et des richesses. L'extraordinaire victoire de Salamine peut donc, légitimement, remplir les Grecs de fierté. Les spectateurs athéniens se réjouissent de la voir évoquer sur scène.

Mais cette évocation, dans le même mouvement, est troublante. La douleur des autres est semblable à la nôtre. Les mères pleurent des mêmes larmes, les nourrices poussent les mêmes cris. Et les pères voient les mêmes ténèbres envahir leur cœur. Les ennemis sont vaincus, c'est donc cause de joie et de fierté, mais ces ennemis souffrants sont des humains, ces barbares sont nos semblables. Ils éprouvent, comme nous, la perte des leurs, l'amertume des désastres. Voilà ce que la tragédie d'Eschyle donne à penser-éprouver.

Ici, on ne trouve guère de héros s'autodétruisant. Pas non plus de conscience écrasée par le destin. Avant toute chose : une émotion pensante, le trouble de découvrir que l'ennemi aussi est humain, que l'adversaire vaincu est pitoyable et faible. Bien sûr, il paie le prix de sa démesure. Il est vaincu, en fait, par le poids de sa propre ambition et par les conséquences de sa propre folie. Mais sa douleur le rend proche. Semblable à nous, même s'il n'est pas fraternel. Voilà ce qui est bouleversant. Et qui donne à penser.

Les mots des autres sont nôtres

NOM   Sophocle, né vers 496 avant notre ère à Colonne, près d'Athène
LIEU   Athènes
À LIRE *Antigone, Œdipe roi, Électre, Philoctète*
POUR   La violence classique

C'est à la tragédie de Sophocle intitulée *Philoctète* que j'emprunte un autre exemple d'émotion pensante. Cette tragédie est atypique, elle aussi. La pièce met en scène un des compagnons légendaires d'Héraklès. Blessé au pied par un serpent, il souffre affreusement. La morsure s'est infectée, elle a gangrené les chairs. La plaie suppure, ne cicatrise plus, la douleur s'intensifie. Philoctète ne cesse de gémir. Ses compagnons ne supportent plus ses cris ni son odeur infecte. Ils l'abandonnent sur une île déserte.

Voilà donc une situation étrange : un homme blessé, isolé, hurlant, marchant difficilement, handicapé par une plaie qui ne se cicatrise jamais. Dans cette histoire peu vraisemblable, on peut chercher une évocation de la condition humaine. Peut-être sommes-nous tous atteints d'une plaie incapable de se refermer, criant dans la solitude et finalement délaissés. Pourtant, l'intrigue se poursuit sur un registre différent : Ulysse et ses compagnons accostent sur l'île où se trouve Philoctète, non pour le secourir, mais pour récupérer les flèches magiques d'Héraklès que Philoctète a gardées.

Voilà donc des Grecs sur l'île où gémit cet homme blessé. Ulysse laisse à l'un des siens – le fils d'Achille – le soin d'aller voir Philoctète. Ce dernier commence par reconnaître des hommes, au loin, et les croit d'abord étrangers. Mais voilà qu'il les entend : ils parlent grec ! Et il s'écrie : « *ô philtaton phônèma* », mot à mot « son le plus cher », « oh ! son chéri ». Comme l'a montré de manière forte un texte posthume du philosophe Jean-Toussaint Desanti, on peut trouver dans cette brève scène une importante perspective sur les relations de l'espace verbal et du corps.

Qu'est-ce qui bouleverse tant Philoctète, et le spectateur ? Que la solitude du guerrier enfin s'achève ? Que les inconnus soient grecs et non barbares ? Il y a plus. Ce n'est pas un mot en particulier que Philoctète a entendu, ni même une phrase. C'est le son de la langue, la musique familière des termes maternels. Cette sonorité le relie aux autres et à lui-même. Elle constitue le monde commun dont il était exilé. Ce son « le plus cher », le plus aimé – ce son qui est « le plus sien », le plus « propre » à son univers (le terme grec « cher » peut servir de possessif) – ne se réduit pas à un outil de communication, à un instrument permettant de relier Philoctète à ses semblables.

Ce qui est en jeu est plus fondamental, moins facile à cerner. Ce qui lui est restitué d'un coup, intégralement, par cette bribe sonore, n'est pas l'espoir de quitter l'île, d'aller se faire soigner, ni même la simple possibilité de converser, dans sa langue, avec des gens de sa culture.

C'est son corps qui lui est rendu, l'espace qu'il habite, la capacité de s'éprouver en train de parler-penser en s'adressant à l'autre.

La cruauté de l'intrigue veut qu'Ulysse et les siens ne s'intéressent qu'aux armes magiques que détient Philoctète. Ils parviendront à le convaincre de les leur confier, sans se soucier vraiment de son sort. L'espace commun qu'ouvre la langue maternelle est aussi celui de la trahison possible, de l'abandon éventuel, du silence qui va retomber. Et c'est en cela que l'émotion suscitée par Philoctète donne à penser : blessé, retrouvé, puis délaissé, il est à l'image de nous tous, exposés à la joie bouleversante de la rencontre comme aux affres de l'abandon.

Encore une fois, ces moments d'émotions pensantes – il y en a mille autres à découvrir chez les tragiques – ne cadrent pas bien avec l'image habituelle de « la » tragédie. Spectacles poignants, certes. Scènes bouleversantes, à l'évidence. Rien à voir, pourtant, avec cette grande machine à broyer les destinées que l'on s'est complu si souvent à construire.

Dans un livre récent, Pierre Judet de la Combe demande : « Les tragédies grecques sont-elles tragiques ? » La réponse est non. Ce qu'on appelle « tragédie », chez les Grecs, est un dispositif théâtral plus diversifié que l'image que nous en avons. Les hasards de l'existence, la contingence des événements y engendrent une diversité de situations, de sentiments et d'intrigues qui ne s'agence pas dans le cadre où nous sommes persuadés qu'elle doit impérativement entrer. Notre conception de la « tragédie grecque » est fabriquée par les analyses des philosophes allemands du xixᵉ siècle. Schelling puis Hegel ont forgé la représentation du héros tragique qui va seul à la rencontre de son destin, et y met à l'épreuve la puissance de sa liberté, au péril de son existence.

Hegel s'efforce également de christianiser le conflit tragique en voulant que le héros échappe au jugement impersonnel de la loi, divine ou morale, pour entrer dans une confrontation unique avec son destin. Le héros accomplirait ainsi la réalisation de son existence personnelle concrète plutôt que de répondre d'un crime jugé d'un point de vue universel. À cette version connue, d'autres se sont superposées au gré de l'évolution des sensibilités.

Brecht, par exemple, au milieu du xxᵉ siècle, utilise la puissance émotive de la tragédie dans une perspective marxiste. Elle symbolise la lutte désespérée contre le totalitarisme au xxᵉ siècle. Cette fois, la tragédie grecque incarne l'idée que l'humanité vient se briser contre l'absurdité, le néant sans visage de la domination et de l'écrasement.

De telles lectures ont leur légitimité. Mais elles parlent des lecteurs modernes et de leurs préoccupations bien plus que des Grecs et de leurs manières de ressentir et de penser. Nous voyons les tragédies classiques comme des conflits entre libre arbitre et déterminisme, entre volonté et destin.

Le plus souvent, les Grecs se contentaient de dire que tel ou tel personnage avait été « frappé de folie par les dieux ». Au lieu de la machinerie philosophique et politique que les Modernes échafaudent, les Anciens se contentent bien souvent de dire que Zeus s'est emparé de l'esprit du héros.

Nous sommes alors fort loin de la question du libre arbitre, de la responsabilité des crimes et de l'autodestruction. Quand un homme commet des meurtres insensés, agit de manière inhumaine, incompréhensible et démesurée, la faute en incombe… aux dieux. Pour faire des choses pareilles, il faut être hors de soi, possédé. La tragédie résulte aussi, peut-être avant tout, des imprévisibles traquenards que les dieux tendent aux mortels, des jeux cruels ou pervers auxquels ils s'adonnent avec les marionnettes humaines. La tragédie évoque ce que les dieux nous font subir : l'arbitraire de l'existence, les fluctuances de la gloire, l'ignominie des aveuglements meurtriers.

Quelles leçons ?

Dans un fragment posthume contemporain de la *Naissance de la tragédie* (1872), Nietzsche écrit : « Seule la tragédie peut nous sauver du bouddhisme. » Je suis convaincu, de longue date, que cette formule est une des clés des temps modernes. À condition, évidemment, de creuser assez loin chacun des termes de l'opposition. Le bouddhisme, pour Nietzsche, symbolise l'Orient, le refus de souffrir, la négation du vouloir-vivre, l'accès rêvé à un monde sans conflits, pacifié, dépourvu de douleur autant que de passions. À l'opposé, la tragédie devient synonyme d'Occident, de malaise assumé, de vie conquérante, de conflits endurés, de guerres et de forces antagonistes acceptant et de jouir et de souffrir. Il n'y a que ces deux voies. Aucune autre. Elles peuvent changer de nom ou d'apparence, elles se retrouvent toujours, perpétuellement résurgentes et inconciliables.

On peut sans doute débattre indéfiniment de la préférence qu'il convient d'accorder à l'un ou à l'autre pôle. Le choix de Nietzsche est sans appel. Il demeure discutable, mais il a raison au moins sur un point. Effectivement, les émotions pensantes de la tragédie grecque sont aux antipodes des exercices de méditation bouddhistes. Parce qu'elles nous font saisir non seulement que le conflit mène le monde, mais qu'il se situe également en nous-mêmes.

Or c'est là, aujourd'hui, un des éléments dont nous manquons le plus, sans même nous en rendre compte, la plupart du temps. Nous minimisons les conflits entre les autres, nous refusons de voir les antagonismes entre nous et les autres, mais nous ne voyons généralement rien des conflits qui nous opposent à nous-mêmes. Si la tragédie grecque, à côté de toutes ses grandeurs, avait au moins la vertu de nous faire entrevoir que les pires luttes se trament entre nous et nous, ce serait une raison suffisante de la fréquenter assidûment.

6

Rire de soi

Aristophane, Lucien

On s'est trop peu intéressé à la comédie – chez les philosophes, et chez tous les gens de culture. La marque principale de la pensée et de la création semble l'angoisse, l'anxiété, les pleurs, la face sombre du monde… pas le rire. Pourtant les Anciens, les Athéniens en particulier, ont inventé le spectacle comique comme une forme de pensée. Ils n'ont certes pas créé le rire, mais cette scène singulière où un ensemble de spectateurs, assis côte à côte, se divertissent de personnages outranciers et de leurs comportements et répliques.

La naissance d'un dispositif si particulier ne peut être saisie de manière isolée. À la question : « Pourquoi donc les Athéniens ont-ils inventé la comédie ? », aucune réponse ne sera satisfaisante. La question même est à formuler autrement. Car le comique n'est pas isolable. Le considérer seul est une illusion. C'est un élément d'un puzzle.

Il faut penser le couple comédie-tragédie – rire et pleurs, toujours deux masques – comme une invention à deux faces, inséparables comme recto et verso. Mais il est nécessaire d'ouvrir plus largement la focale, sans borner le regard au seul domaine du théâtre. L'invention du rire comique est une partie d'un tout comprenant d'autres éléments : invention de l'interrogation scientifique, création de la démocratie, naissance de la philosophie, des mathématiques et des raisonnements logiques. De ce point de vue, les Grecs ont élaboré un paysage multiforme qui est encore largement le nôtre. Y cohabitent réflexion rationnelle, politique égalitaire de la démocratie et spectacles, tragiques ou comiques, rassemblant les citoyens dans une série de mêmes émotions.

Qu'est-ce donc qui nous manque ? Certainement le sens des liens, des circulations entre ces différents éléments. Nous avons fait du rire une activité subalterne, une distraction à part. Nous pratiquons le plus souvent un rire de second choix, un sous-rire, si l'on ose dire. Affaibli, parqué dans les coins. Assigné à des lieux et à des moments réservés. Un rire divisé en une kyrielle de genres, de styles, de registres qui ne communiquent presque jamais.

Le rire des Anciens, à l'opposé, est multiforme. Il combine toujours plusieurs registres, mêle situations, traits de caractère, personnages caricaturaux qui font rire de travers appartenant à la nature humaine éternelle (jalousie, avarice, vantardise, cupidité, ambition…), mais aussi les faits et les visages de l'actualité (guerres, rivalités politiques, intrigues de l'heure, dirigeants en place). L'éternel et l'éphémère se tissent l'un à l'autre.

Mais aussi la finesse et la vulgarité. La comédie grecque n'hésite pas à user de grosses ficelles et de situations bien grasses. N'en déplaise aux académiques, un comique de coussin péteur traverse la comédie antique. Jamais les Grecs n'ont hésité face aux gags scatologiques. Cette vulgarité se combine de façon continue à des plaisanteries fines, des jeux sur les mots, des calembours. Car l'invention verbale est constante. Une force de création linguistique extraordinaire se déploie en permanence au cœur de ce rire multidimensionnel.

Aucune dispersion, malgré tout, dans cette diversité. Car une unité de fond rassemble tous ces traits. De quoi se moquent les spectateurs assemblés dans le théâtre antique ? D'eux-mêmes ! La grande invention du théâtre comique grec, c'est que l'on ne rit pas de n'importe qui, ni des autres ni de situations lointaines, extraordinaires ou conventionnelles. Les spectateurs rient, ensemble, d'eux-mêmes. De leurs petites misères et de leurs grandes détresses, de leurs travers, leurs ridicules, leurs difficultés du moment, leurs querelles politiques, leurs inquiétudes économiques, militaires, sociales… Le comique puise dans le public, pour lui faire voir, de manière grossie, caricaturée, comme à la loupe, ses défauts et ses manières d'être. Le rire provient d'un miroir déformant.

Cette particularité est nouvelle. On ne la trouve pas avant, ni sans doute ailleurs. Elle a duré jusqu'à nous, par certains aspects. Bien des spectacles comiques d'aujourd'hui font rire les gens de la salle avec leurs propres histoires, leurs embarras politiques et leurs démêlés conjugaux. C'est de lui-même que le public rit, que ce soit au xxie siècle ou au temps d'Aristophane.

L'ambiguïté dangereuse

NOM	Aristophane, né vers 450 avant notre ère
LIEU	Athènes
À LIRE	*Les Cavaliers, Les Nuées*
POUR	Son mélange de tous les comiques

Aristophane est le premier à incarner, avec force, cette diversité du rire antique. Dans *Les Cavaliers*, par exemple, il se moque d'une figure vieille comme la démocratie : le démagogue. Comme elle, il a commencé sa carrière dans les rues d'Athènes, au ve siècle avant notre ère. Son nom, forgé dans la langue d'Homère et de Platon, signifie : celui qui conduit (*agôgos*) le peuple (*dèmos*). Pour devenir influent, il s'applique à parler peuple : « voix canaille, langage des halles », dit Aristophane. Le personnage ne fait pas dans la nuance, disant à ses adversaires : « Je te clouerai par terre » ou « Je t'arracherai les paupières ». Il est vrai que « la démagogie ne veut pas un homme instruit, ni de mœurs honnêtes, il lui faut un ignorant et un infâme ».

Il arrive vite que le rire se teinte d'inquiétude. Car entre démocrate et démagogue, la frontière demeure souvent indistincte, malaisée à tracer avec exactitude. Ils se ressemblent, comme chien et loup, parfois. Marquer nettement la limite entre la norme et l'excès, dans le domaine de la parole publique, ressemble fréquemment à un casse-tête. La démagogie n'est certes pas le destin inéluctable de la démocratie, comme le croient ses adversaires, à commencer par Platon. Mais elle constitue bien son risque permanent, sa dérive toujours possible, qu'il faut constamment combattre.

Fabricant de rumeurs, ourdisseur de vrais et de faux complots, diffuseur de petites phrases et de grandes illusions, le démagogue dépend de ceux qui colportent sa parole. Dans les bourgades antiques, sa puissance était grande, mais son champ d'action restreint. Nous avons, depuis, perfectionné l'audience… Aristophane éclaire ce triomphe de la bêtise vulgaire, met le doigt sur la plaie. Pourtant, on se tromperait en imaginant qu'il ne fait que combattre vertueusement les égarements de la foule et les faiblesses du peuple. Il les flatte aussi.

C'est l'ambiguïté du comique, toujours capable de renforcer les travers qu'il dénonce, utilisant pour se faire entendre les défauts qu'il prétend combattre. Le même Aristophane qui fustige les démagogues se moque de Socrate dans *Les Nuées*, le travestit en intellectuel emphatique, manipulateur, dont la sophistication dangereuse est capable de dresser un fils contre son père, de donner la victoire au mensonge et de saper les fondements de l'autorité. Sans doute le pensait-il vraiment. Il n'y a aucune raison d'imaginer une duplicité d'Aristophane à ce sujet. Mais il est évident qu'il renforce, par la puissance de la scène, ces préjugés populaires qu'il partage. Le rôle de cette comédie dans le procès de Socrate et sa condamnation à mort n'est pas mince.

Les Anciens rappellent que le comique se tient aussi à la frontière du malaise. Que le rire parfois grince. Qu'il prend appui, sans toujours le savoir, sur la peur, la cruauté ou la violence. Certes, nous le savons. Mais nous avons fortement tendance à l'oublier. Le redire n'est pas vain.

Voltaire à Rome

NOM	Lucien, né vers 120 de notre ère à Samosate, en Syrie
LIEU	Antioche, Athènes, Rome, Alexandrie
À LIRE	Tout ce qui vous tombera sous la main
POUR	Sa vivacité méchante

Lucien de Samosate est sans doute, de tous les auteurs antiques, celui qui met le plus vivement en lumière cette allègre cruauté du rire. Il vit bien plus tard qu'Aristophane, au IIe siècle de notre ère, et ce n'est pas à proprement parler un auteur de théâtre, bien que certains de ses dialogues ressemblent à de vraies pièces.

Cet homme a de l'esprit, à la manière de Voltaire. Un sens de la bouffonnerie, à la façon d'Offenbach. Un génie de l'humour qui grince, à la Desproges. Il se moque des philosophes, de leur suffisance, de leur prétendue sagesse, de leurs coups fourrés. Les gens qu'il déteste : charlatans, imposteurs, voyants de pacotille, manipulateurs d'espoir. Les travers qu'il dénonce : crédulité universelle, naïveté niaise, arrogante candeur. Tout le monde s'y laisse prendre : l'ignorant se fait embobiner, le savant aussi. Dans un coin, notre homme observe, fulmine, prend note. Finalement, Lucien esquisse en trois traits quelques croquis vengeurs, où se reconnaissent la silhouette des charlatans et celle des victimes.

Né vers 120 à Samosate, dans le nord de la Syrie, ce grand styliste, qui se dit barbare d'origine (sa langue maternelle était sans doute l'araméen), écrit un grec pur, élégant, vif. Son ton est toujours une fête : ironique, satirique, incisif. Tant de talents lui ont valu de bien survivre : de ce pessimiste enjoué, il nous reste quelques dizaines d'opuscules, plusieurs centaines de pages. Il a enthousiasmé la Renaissance : Érasme ou Rabelais, sans lui, ne seraient pas ce qu'ils sont. L'âge classique a continué à le lire : Cyrano de Bergerac lui emprunte l'idée de voyages fantastiques. Les Lumières – avec Swift, qui lui doit Gulliver, avec Fontenelle et bien d'autres – le fréquentent toujours assidûment.

Il est passé dans l'ombre quand la philosophie s'est faite grave, sa prose allemande et ses concepts pesants.

Alors que tant de philosophes tournent au gourou, il importe qu'on le redécouvre. Car il sait fustiger exactement les ridicules de ceux qui paraissent sérieux. Ses deux spécialités : dénoncer les impostures religieuses, tourner en dérision les outrances philosophiques. Partout, il ne cesse de traquer les truqueurs, les arnaqueurs qui cherchent à profiter de la crédulité humaine.

Lucien fait voir combien les hommes ont tendance à croire n'importe quoi dès lors que l'espoir d'une satisfaction quelconque les anime. Voilà pourquoi on peut les berner : ils rêvent plus que tout de réaliser leurs ambitions, leurs désirs personnels, leurs rêves tenaces. Si quelqu'un affirme qu'il peut les aider à concrétiser leurs aspirations, à éviter les maladies et le malheur, ils sont toujours prêts à le croire. Crédules, ils vont avaler n'importe quelle histoire, faire confiance au premier bonimenteur venu.

Un des pamphlets de Lucien, *Alexandre ou le Faux Prophète,* met en scène un homme qui se fait passer pour devin. Son astuce : il a disposé dans les cabarets voisins un réseau d'informateurs. Ils viennent lui répéter ce qu'ils apprennent des tracas des uns et des autres – adultères, escroqueries, secrets de famille. Quand quelqu'un se présente, Alexandre fait semblant de lire dans ses pensées, devine par miracle ses difficultés et ses angoisses. Le charlatan ne recule devant aucune supercherie pour établir ses pouvoirs occultes. Il fait dérober les vœux déposés auprès des statuettes des dieux, truque des figurines pour les faire parler. Le pire, à l'évidence, ne réside pas dans son ingéniosité perverse, mais dans l'indéfectible candeur de ses victimes.

Lucien fustige aussi les outrances, exagérations et ridicules des philosophes. Ces gens-là, à ses yeux, se prennent beaucoup trop au sérieux… Il ne se gêne pas pour se gausser de l'orgueil insensé des stoïciens, du mysticisme échevelé des pythagoriciens, de l'austérité exorbitante des cyniques. Leurs grandiloquences sont d'autant plus risibles que les philosophes, en dépit de faramineux discours, ne servent pas à grand-chose. Dans *Philosophes à vendre*, Lucien imagine les plus célèbres – Aristote, Platon, Socrate, Diogène… – mis en vente au marché aux esclaves. Ils ne trouvent pas preneur : personne ne voit à quoi pourrait bien être utile d'avoir un philosophe chez soi. Aristote est le plus déprécié : il n'est bon qu'à écrire des traités ennuyeux.

Le choix d'une vie philosophique est un des thèmes favoris de l'ironie de Lucien. Quelle école de philosophie dois-je choisir ? Laquelle me correspond le mieux ? Quels avantages, quels inconvénients puis-je en retirer ? Ce sont notamment les questions que se pose Hermotime dans le dialogue qui porte son nom. Au terme d'un banc d'essai des différentes vies philosophiques, ayant passé au crible les écoles de sagesse disponibles sur le marché, Hermotime n'en adoptera aucune : toutes sont insatisfaisantes !

Maître en désillusion, expert en désenchantement, Lucien excède parfois les limites. Son ironie, à force d'être cinglante, peut paraître simplement méchante. Virant à l'humour noir, sa moquerie peut paraître insupportable. C'est le cas, par exemple, de la satire intitulée *Peregrinus Proteus*.

Le personnage qui porte ce nom a réellement existé. D'abord chrétien, il s'était converti à la vie cynique, avait adopté le manteau et la besace des disciples de Diogène et vivait, comme eux, dans les rues. L'anecdote est précieuse pour les historiens, car elle atteste les interactions, souvent mal connues, entre cynisme et christianisme au cours des premiers siècles. Le rejet du monde et des hypocrisies sociales, la priorité donnée à l'exemple vivant, aux gestes provocateurs, constituaient des points communs entre deux forces de contestation que par ailleurs opposent des points fondamentaux.

Chez Lucien, c'est le suicide de Peregrinus Proteus qui est en question. L'homme proclame, aux Olympiades, qu'il se suicidera à la rencontre suivante. Quatre ans à l'avance, il annonce donc qu'il va sacrifier son existence en public. Son intention ? Marquer, aux yeux de tous, sa maîtrise de soi. L'acte peut paraître irresponsable et répréhensible. Folie sublime ou provocation absurde, il est difficile de ne pas y voir une décision méritant quelque considération. D'autant que l'homme s'est effectivement laissé calciner, comme promis.

Malgré tout, Lucien ne voit là que pure vantardise. Il juge que toute l'histoire sonne faux. Il ridiculise ce philosophe, soupçonné d'avoir voulu uniquement faire parler de lui. Son suicide, en somme, ne serait qu'un coup de pub. Qu'il ait vraiment eu lieu, que Peregrinus Proteus soit allé jusqu'au bout, n'entre pas en ligne de compte. Lucien s'acharne sur l'orgueil et la vaine gloriole du pseudo-sage. Il n'est pas sûr, ici, que l'humour soit vraiment drôle.

Quelles leçons ?

Le plaisir que suscitent les comiques anciens est vif. Ce n'est pas la seule raison de les fréquenter. Leur manière de faire rire le public de lui-même, leur pratique de la dérision, de la corrosion des valeurs et des idéaux, dessine, en filigrane, une posture de l'esprit européen que je crois décisive. Au premier regard, elle semble purement négative : dénoncer des travers et des vices, se gausser de nos faiblesses et de nos défauts, ridiculiser la candeur comme la perversité. Rien qui soit constructif. Rien qui énonce des valeurs ou propose des normes. Indiscutablement.

Le paradoxe, c'est que cette attitude négative est aussi celle où l'Occident va puiser le plus continûment ses forces de développement, sa capacité de progrès. En fait, la critique et l'autocritique, la corrosion du sacré, la mise en doute et la mise en cause des idéaux les mieux établis participent à la perpétuelle réinvention des valeurs et des savoirs qui, depuis les Grecs, constitue la marque principale de la culture européenne.

Sans doute cette paradoxale puissance du négatif ne se définit-elle pas en deux phrases. Il suffira de souligner que les Grecs furent le premier de tous les peuples chez lequel on rencontre des penseurs et des artistes capables de douter systématiquement que la vérité nous soit accessible, de nier que les dieux existent, de soutenir que mieux vaudrait ne pas être né, de proclamer que les hommes sont mauvais et que vains sont les espoirs de les améliorer. Le rire, sous toutes ses formes, participe de cette grande mise à distance.

Il suppose, sous des apparences joyeuses, une grande dureté envers soi comme envers ses semblables. Peut-être sommes-nous devenus trop doux, trop gentils pour en avoir encore pleinement le goût et l'usage. Retrouver ce qu'un tel rire a d'incisif et d'impitoyable suppose que nous comprenions justement combien la fin des illusions est plus tonique que désespérante, plus stimulante que déprimante. C'est à quoi s'emploient, à leur manière, sur d'autres registres, Socrate et Diogène. Il est temps de les rejoindre.

IV
GOUVERNER

« L'homme contient en lui-même
tout ce qui lui est nécessaire pour se gouverner. »
Ralph Waldo EMERSON, *Journal*,
8 septembre 1833.

Nous ne manquons pas d'institutions. Ni de constitutions. Ni d'experts en analyse stratégique. Ni de bibliothèques de philosophie politique. Ni de partis, de militants et d'élections.

Nous manquons, à mon avis, d'une articulation pertinente entre gouvernement de soi et gouvernement tout court. Entre individu singulier et citoyen dans la cité. Entre bien personnel et bien commun.

Autrement dit, nous savons à peu près ce que signifie gouverner notre existence (que nous y parvenions ou non). Nous savons également, même de manière seulement approchée, ce que signifie gouverner un État. Mais nous ne savons plus clairement comment ces deux tâches s'articulent l'une à l'autre.

Sur ce point, un détour par les Anciens est crucial. Non pas pour leur emprunter des modèles sociopolitiques par définition

149

obsolètes. Ni pour apprendre simplement de quelle manière nous comporter. Mais parce que ce lien qui nous fait défaut — entre homme et citoyen, privé et public, gouvernement de soi et gouvernement collectif — est au cœur de leur pensée comme de leur pratique.

Cette connexion, chez eux, n'est pas nécessairement explicitée. Elle ne fait pas toujours l'objet d'une mise en lumière, quand bien même elle commande les faits et gestes. C'est pourquoi la leçon politique des Anciens n'est pas toujours là où on la cherche — dans les théories explicites, les réflexions sur le meilleur régime, l'organisation du pouvoir, les légitimations du règne des lois.

Il faut plutôt aller la chercher dans le mouvement pour déstabiliser les préjugés, secouer les évidences, mettre à l'épreuve les convictions habituelles. Cette façon de secouer l'esprit, de le choquer parfois, est aussi un exercice de citoyenneté.

7

Se laisser déstabiliser

Socrate, Diogène

Le propre de la démocratie, c'est l'incertitude. Le peuple décide, se donne à lui-même des lois, les respecte et les applique, mais aussi peut en changer, abroger les lois actuelles, en rédiger de nouvelles. Parce que aucune norme divine, révélée, valant par soi-même, ne s'impose à la Cité. La démocratie commence quand le ciel se vide. Cornelius Castoriadis, notamment, l'a souligné : le doute, la corrosion des dogmes conduisent à l'autonomie des peuples.

Maintenir ouverte cette incertitude, ébranler les réponses toutes faites qui prétendent la clore, c'est la tâche de Socrate comme celle de Diogène. Leur tactique : déstabiliser. Quand il s'agit de bousculer ce qu'on croit vrai, ils s'y entendent. Dès qu'ils interviennent, peu de convictions résistent. Sans doute leurs modes d'intervention sont-ils dissemblables. Mais, sous ces différences de style, c'est bien un même ébranlement de l'individu qu'ils mettent en œuvre, afin qu'il devienne citoyen, de son pays, ou du monde – à défaut d'être sage.

C'est pourquoi il faut suivre ces énergumènes à la trace, scruter les témoignages qui nous relatent leurs fulgurances. Car nous n'avons aucune œuvre ni de l'un ni de l'autre. De Socrate parce qu'il n'a rien écrit. De Diogène parce que ses textes ont tous été perdus. Nous n'avons affaire qu'à des filtres, propos rapportés, anecdotes exemplaires – sans jamais avoir d'accès direct à leurs doctrines ou à leurs pensées. Situation exemplaire de la part irréductible d'imaginaire qui est constitutive des Anciens. Socrate et Diogène sont à inventer, à recomposer. Réalités plastiques, figurines en pâte à modeler ? Non.

Un étrange bonhomme

NOM	Socrate, né vers 470 avant notre ère près d'Athènes
LIEU	Athènes
À LIRE	Ce que lui font dire Aristophane, Platon, Xénophon
POUR	Le réinventer

Dans le camp, les soldats s'interrogent. Que fait-il donc ? Depuis des heures, Socrate les a quittés. Il est parti s'installer seul, tout là-haut, debout contre l'arbre que l'on aperçoit au sommet de la colline. Il ne bouge plus. Son regard est fixe. Quand on lui parle, il n'a pas l'air d'entendre. Il n'a non plus l'air de voir, bien qu'il ait les yeux ouverts. Quel drôle de type, se disent-ils. Par certains côtés, plutôt un brave gars. Jamais une plainte, résistant et costaud. Pourtant, il n'est plus tout jeune pour porter les armes sous le soleil, pas loin des quarante ans. C'est même un brave tout court : à ce qu'on dit, il n'a jamais fui au combat. Il tient bien le vin ! Et il sait danser !

Pourtant il est bizarre. Il lui arrive de rester longtemps sans parler. Quand il s'y met, rien ne l'arrête plus. Il dit qu'une voix intérieure, son démon, lui interdit certaines choses et l'arrête. Il est sans doute un peu sorcier, un peu savant. Il connaît beaucoup de choses, apparemment, il a réfléchi, c'est sûr. Et il fréquente aussi des gens célèbres, des riches, des hommes politiques. Mais lui est toujours pauvre. On dit aussi que ces gens l'écoutent et l'admirent, tous ensemble à discuter dans les coins, toute la journée. Cet homme est déconcertant.

Au matin, quand Socrate redescend, il déconcerte plus encore. Car il ne donne aucune explication, mange de bon appétit et reprend sa place dans l'armée athénienne, à Potidée, sur la côte de Chalcidique. C'est au cours de cette guerre, en 432 avant notre ère, que Socrate défend Alcibiade, victime d'une blessure. Le jeune homme a vingt ans de moins que lui. Il est beau comme un dieu. Socrate est laid comme un faune, mais intensément amoureux des jeunes gens doués.

C'est une des rares fois où il a quitté Athènes. La cité l'a vu naître, elle le verra mourir. Toute son existence s'y joue. Il y voit le jour, vers 470 avant notre ère. Son père, Sophronisque, est artisan sculpteur. Sa mère, Phénarète, est sage-femme. Cet enfant du peuple a vu de près le travail manuel. Il connaît la technique du burin, les secrets de la sculpture. Il dira que la main permet de « faire la plupart des choses qui nous rendent plus heureux que les bêtes ». Il se peut qu'il ait travaillé la pierre dans l'atelier paternel. On alla jusqu'à lui attribuer un fragment de la frise du Parthénon... Pure supposition. En tout cas, il ne cesse d'emprunter des exemples au savoir-faire des métiers – tisserand, menuisier, cordonnier. Avec lui, pas moyen d'oublier que *sophia*, en grec, avant de signifier « connaissance » et « sagesse », désigne l'habileté manuelle.

Il affirme, aussi, faire le même métier que sa mère. Elle accouche des ventres de femmes, et lui des âmes. Sa « maïeutique », l'art d'accoucher, cherche surtout à mettre les idées à l'épreuve, pas seulement à les mettre au jour. Car les sages-femmes d'alors n'étaient pas de simples accoucheuses. Elles devaient « éprouver » les nourrissons, par un bain froid notamment, pour ne garder que les mieux constitués. La vraie spécialité de Socrate est là : il examine idées, croyances, convictions, cherche par ses questions à savoir si elles tiennent le coup ou bien ne sont que du vent.

Le plus souvent, ces idées ne sont que du vent. Socrate dissipe les convictions comme d'autres les bulles de savon. Quelques questions-chiquenaudes, les voilà qui éclatent. À force d'interpeller ainsi les gens, de les mettre

154

en contradiction avec eux-mêmes – c'est cela qu'on nomme son « ironie » –, cet homme laid, pas toujours très propre, sans grands moyens, bien qu'il ne mendie pas et semble capable de subvenir à ses besoins comme à ceux de sa famille, ce penseur irritant devient une célébrité dans la cité.

On lui présente des étrangers de passage. Il relève parfois leurs défis, tourne en ridicule leur prétention au savoir, plus durement quand les malheureux se vantent d'en savoir long sur presque tous les sujets. Toujours entouré de jeunes gens, Socrate devient donc un personnage d'Athènes. C'est sans doute vers 430 avant notre ère que se situe la réponse fameuse de l'oracle d'Apollon : à la question « Qui est le plus savant des hommes ? », il répond en nommant Socrate.

Lui va en déduire, comme chacun sait, que son seul savoir est d'être conscient de son ignorance. C'est en tout cas de cette période que date, vraisemblablement, sa conversion véritable à la vie philosophique. Elle ne l'empêche pas – ou elle lui permet – d'être bientôt affublé d'une épouse acariâtre, Xanthippe. La mauvaise humeur permanente de cette femme est peut-être une invention comique. Car le philosophe, de son vivant, devient personnage de comédie. Aristophane le tourne en ridicule. *Les Nuées*, pièce représentée en 423 avant notre ère, montre que Socrate, à quarante-cinq ans, était assez connu pour être mis en scène dans une farce destinée à un public populaire.

155

Cette comédie, il faut le répéter, charge les « intellos » de tous les maux : regard perdu dans les étoiles, ils ignorent les réalités, coupent les cheveux en quatre, inventent des subtilités inutiles. En outre, ils doutent des dieux traditionnels, se tournent vers des nouveautés étranges. Pis : ils sont capables de tout mettre sens dessus dessous. Aristophane met en scène un jeune homme, Phidippide, qui bat son père mais le convainc de la justesse de ses actes, et de la nécessité qu'il corrige sa mère également !

Socrate est donc bien une figure négative. Corrompant les esprits, il enseigne, selon Aristophane, comment renverser les convictions habituelles. Ses techniques pour « rendre fort l'argument faible » permettent d'avoir raison même quand on a tort. En les maîtrisant, on peut emporter partout la conviction, faire triompher l'erreur, l'injustice ou le mensonge. Socrate est un sophiste – voilà ce qu'insinue la pièce. Les Athéniens qui eurent à juger Socrate vieillard, une génération plus tard, avaient vu cette comédie dans leur jeunesse, ou en avaient entendu parler par leurs parents. Ils ont gardé en mémoire que cet étrange bonhomme n'est pas fréquentable.

Ils avaient aussi entendu parler de « la Torpille », un des surnoms du philosophe. Ce poisson de Méditerranée tétanise ceux qui le touchent. Socrate laisse stupéfaits, déstabilisés, ceux qui lui parlent. Toujours la même face négative : les gens croient savoir quelque chose, en les interrogeant, il leur montre que ce savoir n'est qu'une illusion. Les voilà comme paralysés. On l'appelle aussi « mouche » ou « taon », bestiole qui vient réveiller de sa piqûre le cheval assoupi. Le peuple n'a que trop tendance à se laisser aller. Socrate le réveille, l'aiguillonne, l'oblige à se ressaisir.

Tous ces rôles sont dangereux. Personne n'aime rester sidéré en se découvrant ignorant. Aucun cheval n'aime les taons. Contre le provocateur et ses questions, au fil du temps, l'exaspération monte. Lentement mais sûrement. D'autant que la situation politique d'Athènes se modifie. La démocratie est en crise. Le bel et fougueux Alcibiade paraît préparer un coup d'État, avant d'aller finalement se mettre au service des ennemis d'Athènes. En – 404-403, pendant quelques mois, trente magistrats, les « Trente Tyrans », se sont emparés du pouvoir.

Dans sa vie de citoyen, Socrate n'a certes pas manqué de courage, mais il ne s'est engagé dans aucune lutte politique ouverte. Malgré tout, chacun se souvient de ses liens anciens avec Alcibiade. Le vieux discoureur semble être toujours du côté des ennemis du parti démocrate. Il fustige les travers de la démocratie, sa pente vers la corruption, sa tendance à la démagogie. Tout cela finit mal, en 399 avant notre ère : Socrate est accusé d'impiété et de corruption de la jeunesse. Parmi ses accusateurs, qui demandent la peine de mort, figure Anytos, un des leaders du parti démocrate.

Dans sa défense, Socrate ne renie ni son existence ni son rôle : « Jusqu'à mon dernier souffle et tant que j'en serai capable, je continuerai de philosopher. » Il aurait pu tenter de se concilier les juges, ses propres concitoyens. Il les provoque tranquillement, ne se reconnaissant coupable de rien. Il aurait pu fuir, choisir l'exil, accepter que ses disciples le fassent évader. Il n'en fait rien. Le jour où il boit le poison à effet lent, la ciguë, c'est encore lui qui console ses amis, les réconforte et sèche leurs pleurs.

Tandis que son corps commence à s'alourdir, que ses jambes s'engourdissent, il continue à raisonner, à réfléchir. Il pense sa mort à voix haute, trépasse de manière volontaire. Il a accepté le verdict de l'assemblée athénienne par respect des lois, a décidé de s'y soumettre en dépit de son caractère injuste. À mesure que des paroles s'échangent, ses membres se paralysent. Le froid gagne. Socrate est saisi d'une dernière convulsion, son visage se crispe, on lui ferme bientôt les yeux.

En un sens, il est victorieux. Car il n'a pas seulement surmonté la peur de mourir, il semble avoir surpassé la mort elle-même. Ce n'est pas affaire de caractère, mais de philosophie vécue. Socrate juge avoir eu raison contre ceux qui le mettent à mort. Sans cette liberté qu'il se donne de réfléchir, de critiquer, de chercher quelle vie est la meilleure et de s'y appliquer, sans cette quête qu'on appelle philosophie, rien ne vaut d'être vécu. Socrate accomplit cet exploit : mourir entièrement vivant, demeurer jusqu'au bout sans fléchir.

Du moins si l'on en croit le grand témoin, principal vecteur de nos connaissances, Platon. Ce jeune aristocrate s'apprêtait à faire carrière dans la politique, à devenir l'élève des sophistes, à occuper des postes de pouvoir, lorsque à vingt ans il découvre l'enseignement de Socrate, devient son disciple et change d'orientation. Ce qui est heureux, car cet auteur de génie a modifié le cours de la pensée occidentale.

Les premiers dialogues de Platon mettent en scène Socrate d'une manière probablement assez proche de ce qu'a été son mode réel d'intervention. Ils font voir sa manière de mettre à l'épreuve les idées des autres – manière de faire proprement philosophique. Car la philosophie ne consiste pas à avoir des idées – tout le monde en a –, ni à savoir les défendre – tout le monde est capable de dire pour quelles raisons il possède tel ou tel avis. La philosophie commence quand on examine les idées qu'on prétend avoir, quand on les teste pour voir si elles sont solides. Le travail de Socrate est toujours de voir si les idées tiennent le coup ou non.

Destruction positive

L'opération ne va pas sans risque. Si quelqu'un est convaincu de détenir une connaissance et qu'on lui montre qu'il ne la possède pas, on s'expose à son ressentiment et à sa colère. Le plus simple exemple est sans doute celui de Lachès, ce général que Socrate interroge sur le courage. On peut imaginer la scène : le vieux général a nombre de campagnes à son actif, et le sentiment de bien connaître le métier des armes et le déroulement des batailles. La définition du courage lui est donc familière, et même évidente. Elle est ancrée en lui, issue de son expérience. Lorsqu'il définit le courage comme le fait de ne pas avoir peur, il a la conviction de produire un vrai savoir.

Socrate a beau jeu de lui demander si quelqu'un qui a peur, mais qui va surmonter sa peur, qui va combattre malgré sa panique, n'est pas aussi courageux, voire plus courageux, que celui qui ignore cette crainte. Lachès doit en convenir. Et reconnaître que sa première définition était fausse. Il croyait savoir. En fait, il ignore ce qu'est le courage – lui, le grand général ! Légitime colère, inévitable ressentiment.

Cet exemple élémentaire éclaire la démarche de Socrate. Elle se complique évidemment avec des interlocuteurs plus sophistiqués, mais le principe demeure identique : mettre à l'épreuve les prétendues connaissances, dissiper des illusions de savoir. Cette forme de destruction n'a pas nécessairement de contrepartie positive. Aux pseudo-certitudes qu'il a détruites, Socrate ne substitue pas toujours une vérité. Il bouscule parfois sans rétablir l'équilibre, laisse ouvert le doute.

Une des caractéristiques majeures de plusieurs des premiers dialogues de Platon est de n'avoir pas de solution. On examine une question – par exemple dans *Ménon* : la vertu peut-elle s'enseigner ? –, Socrate démonte plusieurs réponses non satisfaisantes et, finalement, laisse son auditoire en plan. On ne connaîtra pas la solution du problème, si toutefois elle existe. Ces dialogues se terminent en impasse. Le grec dit « aporie », le terme clé des sceptiques (« sans issue », de *poros*, « sortie », précédé d'un *a* privatif). Ces dialogues sont dits « aporétiques », dépourvus d'aboutissement.

Sans doute sont-ils plus près de la manière authentique de Socrate que les grands dialogues postérieurs, où il est également présent. Mais il devient un porte-parole de Platon. Sous le même nom, ce ne sont ni le même discours ni la même posture. L'élaboration d'un système prend le pas sur la déstabilisation sans issue. Platon s'éloigne à mesure de celui qui fut son maître. Il ne peut pas être que témoin, c'est le lot des génies. Il vient donc parler à la place de Socrate, sous son masque.

Cette substitution ne me semble pas dépourvue de conséquences directement politiques. Chez ce qu'on peut entrevoir du Socrate réel, le geste de détruire les convictions a pour résultat de renvoyer l'interlocuteur aux décisions de la cité. Le propos se formulerait ainsi : « Tu n'as pas de certitudes, aucun de nous n'a de certitude, nous allons donc décider tous ensemble de ce que nous décrétons être juste, injuste, légal, illégal... » Au contraire, quand émergent chez Platon le monde des idées, les vérités éternelles, le philosophe roi qui façonne la pâte humaine d'après ces modèles, le propos s'énoncerait plutôt ainsi :

« Tu as contemplé l'Un-Bien-Beau, tu vas gouverner selon cette connaissance absolue et ainsi l'ordre du monde sera rétabli et maintenu... » À l'évidence, ce n'est pas du tout la même configuration !

Le perturbateur radical

NOM	Diogène, né vers 413 avant notre ère à Sinope
LIEU	Athènes
À LIRE	Ce que lui fait dire Diogène Laërce
POUR	Son sens de l'excès et de la provocation

« Socrate devenu fou. » C'est la formule qu'on attribue à Platon à propos de Diogène. Il ne se dispense pas d'exprimer son hostilité envers Diogène, qui le lui rend bien. En fait, avec la figure de Diogène, c'est bien la radicalisation de la perturbation socratique qui apparaît. Comment donc se manifeste-t-elle ? Quelle est cette folie, réelle ou supposée ?

D'abord une forme de surenchère. Là où Socrate était un taon, un insecte qui venait piquer le peuple athénien, le réveiller, lui rappeler les valeurs de la justice et la nécessité de tenir compte de la vérité, Diogène bafoue ces valeurs, saccage le respect, préfère aux argumentations la provocation. Là où Socrate manifestait un détachement envers les objets (sur un marché, regardant les étals, il aurait dit : « Tant de choses dont je n'ai pas besoin ! »), Diogène oppose un refus fanatique à tous les

162

outils, les vêtements, toutes les inventions de la civilisation. Un enfant boit dans ses mains ? Diogène casse sa dernière écuelle.

Cet excentrique dort n'importe où, sous prétexte que la terre entière est sa maison. Il ne se laisse jamais impressionner – ni par les riches ni par les puissants, pas même par les dieux. Dans la maison d'un riche, où tout semble immaculé, on lui interdit de cracher. Diogène crache au visage du propriétaire, disant qu'il a choisi le seul endroit malpropre. Manteau de grosse laine plié en deux, toujours le même, été comme hiver, il enfourne dans sa besace les nourritures qu'il peut grappiller, sans se gêner pour chaparder les offrandes dans les temples. Ce chien, comme on le surnomme, les Athéniens ont pris l'habitude de le voir déambuler, toujours pieds nus, quelle que soit la saison, et se rouler dans le sable brûlant les jours de canicule, et se vautrer par grand froid dans la neige, histoire de s'endurcir, de « s'exercer », comme il dit.

Ce qui force le respect, dans la cité, c'est que Diogène vit comme il le pense. Il ne fait pas semblant. En voilà un qui met en accord ses gestes et ses phrases. Un philosophe en acte, pas un discoureur. Encore moins un bel esprit faisant à chaque instant le contraire de ce qu'il dit. Il a écrit, pourtant, sur des sujets très divers, traités politiques et livres de morale. Mais sa vie, jour par jour, parle mieux encore de ses idées. Presque personne n'a lu ses œuvres.

Mais tout le monde voit comme il se comporte. Il enseigne par le geste et par l'exemple.

Bien sûr, il choque. C'est qu'il est le premier à pratiquer ce mode de vie dénommé « cynique », à cause des chiens, justement (*kunos*, en grec, veut dire « chien »). Sans vouloir l'imiter, ceux qui le rencontrent ne sont pas loin, quelquefois, de lui donner raison. Quand Diogène traite Platon de « bavard intarissable », beaucoup d'Athéniens partagent son avis. Quand il se proclame lui-même champion olympique dans la « catégorie hommes », certains acquiescent en secret.

« Falsifier la monnaie », c'est sa formule clé. Lui-même, ou son père, ou tous les deux passent pour avoir trafiqué les pièces de monnaie de Sinope, leur cité, et s'être trouvés contraints à l'exil quand le subterfuge fut découvert. Diogène, pourtant, croyait bien faire. Il avait consulté l'oracle d'Apollon, autrefois, sur son destin. Réponse : falsifier la monnaie. Or l'oracle d'Apollon ne saurait se tromper, tout le monde le sait, même ceux qui ont avec les dieux des relations aussi distantes que lui. Où était donc l'erreur ?

Plus tard, une fois devenu philosophe, Diogène a compris. La monnaie à falsifier, ce ne sont pas les pièces ! Ce sont les conventions sociales, les valeurs communes, l'ensemble des convenances. Honneurs, pouvoirs, richesses, savoirs, plaisirs même, toutes ces choses que les humains estiment tant, le sage en voit la fausseté, et il lui

164

appartient de la faire voir. Ce qui agite l'humanité – désir, orgueil, crainte, chagrin, jouissance –, du toc, des pièces sans valeur. Elles circulent, elles passent pour importantes, elles mobilisent et font souffrir, mais ce n'est que du vent.

Le secret : vivre « selon la nature ». L'être humain qui parvient à la retrouver et à la suivre vivra heureux, débarrassé des artifices et des maux que la civilisation engendre. Diogène s'exerce donc, systématiquement, à se défaire des conventions de la vie sociale. À ses yeux, ce ne sont pas seulement des leurres ou des encombrements. Ce sont des pièges. Des attachements qui deviennent néfastes.

Dans cette falsification des valeurs communes, le Chien va très loin. Il ne se limite pas au refus des honneurs et au mépris du pouvoir. Il s'en prend directement aux lois, à la cité, à toute incarnation de l'autorité. Méprisant l'empereur Alexandre, le philosophe se proclame, pour la première fois sans doute dans l'histoire, « citoyen du monde ». La religion n'est pas épargnée. Quand une femme se prosterne pour prier, en lorgnant sa croupe offerte, le sage énergumène demande si elle ne craint pas qu'un dieu arrive par-derrière, puisqu'ils sont partout…

Ça ne suffit pas encore. L'instruction est mise à l'écart. La vertu seule convient au sage. Il n'a donc rien à faire ni des arts ni des sciences. Inutile même qu'il apprenne à lire. Inutile qu'il se marie. Inutile qu'il s'attache. Inutile qu'il se cache pour copuler. Diogène n'est pas l'homme des compromis. Aucun arrangement, pas d'approximation. C'est un extrémiste de la vertu, un hercule de la cohérence.

Si l'on veut vivre selon la nature, c'est sur les animaux qu'il convient de prendre modèle. Diogène préconise que les femmes appartiennent à tous, que les enfants soient communs, que l'on ne se soucie pas de l'inceste. Cet homme a choisi le refus, la grande solitude de la liberté totale. Diogène symbolise l'existence à contre-courant, avec sa grandeur comme avec ses limites. Son mépris du troupeau, son exigence de cohérence peuvent susciter l'admiration. On peut aussi penser que tant d'ostentation dans la simplicité signale un immense orgueil.

L'homme au tonneau a inventé le refus de la civilisation. Cette attitude ne cessera de traverser après lui l'histoire occidentale sous des formes très diverses, depuis les ascètes des débuts du christianisme jusqu'à la *beat generation*. Avec des avantages : dénonciation de l'hypocrisie, courage de la vertu. Avec aussi des dangers : le refus de la loi peut déshumaniser, le rêve d'animalité peut déboucher sur la barbarie.

Pour comprendre Diogène, Michel Foucault repart de la notion grecque de *parrèsia*. Le terme, difficile à traduire, désigne notamment le franc-parler de l'ami, le dire-vrai du confident, par opposition à la flatterie de l'hypocrite ou du courtisan. La *parrèsia* implique le courage de tout dire, au risque de déplaire, voire de fâcher.

Cette franchise hardie, qui s'applique à la conduite de l'existence la plus intime, possède aussi une importante dimension politique : dire vrai sur soi-même, accepter d'entendre ce qui n'est pas agréable, cela concerne aussi bien, pour les Grecs, le gouvernement de la communauté que celui de l'individu. Le sujet et la cité se constituent donc en articulant de manière semblable exigence de vérité, pouvoir sur soi et pouvoir sur les autres.

Les cyniques s'inscrivent dans le droit-fil de cette tradition. Alors pourquoi les voit-on d'un si mauvais œil ? Ils prennent appui sur le tronc commun des ambitions philosophiques du monde antique. Philosophiquement parlant, leurs objectifs sont consensuels. Transformer son existence par la philosophie, s'occuper de soi pour y parvenir, délaisser en conséquence tout ce qui se révèle inutile, s'exercer à rendre sa vie conforme à ses pensées – tout le monde, en Grèce comme à Rome, s'accorde sur ces points. Derechef : que font donc les cyniques de si étrange, de si inacceptable, pour connaître l'opprobre alors qu'ils poursuivent des buts que tous les philosophes, en leur temps, partagent ?

Le cynique opère un passage à la limite. En poursuivant radicalement, jusqu'à son terme, le mouvement de la vie philosophique, il en inverse le sens. Il montre que la « vraie vie », la vie selon la vérité, n'existe qu'au prix du saccage de mœurs qui nous égarent. Voilà l'exploit qui crée scandale : faire entrer en conflit, aux yeux de

167

tous, des principes unanimement partagés et leur mise en pratique. Avec les principes, nous sommes tous d'accord. Mais nous faisons l'inverse. Les cyniques exécutent, à la lettre, ce que nous approuvons et... c'est inacceptable ! Sans rien changer aux buts habituels de la philosophie, ils font apparaître combien, pour les atteindre, il faut briser les règles et démonétiser les conventions sociales.

Dans l'histoire de l'Occident, voilà une mutation capitale. Du coup, en effet, la « vie philosophique », la « vraie vie » (droite, parfaite, souveraine, vertueuse), se trouve transformée en « vie autre » (pauvre, sale, laide, déshonorée, humiliée, animale). Même la fonction souveraine du philosophe se trouve radicalement métamorphosée, au point de devenir grimaçante. Le cynique est bien le seul vrai roi, qui n'a besoin de rien, ni de personne, pour manifester son pouvoir. Mais ce roi est dérisoire – nu, sale et laid.

Sa fonction suprême ? Exercer le franc-parler envers le genre humain tout entier. C'est pourquoi il aboie, attaque et mord. En guerre contre l'humanité dans son ensemble au nom du dire-vrai (la *parrèsia*), il se bat contre soi aussi bien que contre tous les autres. Ce clochard cosmique invente ceci : rejoindre la vraie vie implique le chambardement du monde, la rupture radicale avec ce qui existe. Missionnaire de la vérité, le héros cynique œuvre à l'avènement, à terme, d'un monde nouveau.

Quelles leçons ?

Il y a pour nous, aujourd'hui, de nombreux enseignements à tirer du geste de déstabilisation que pratiquent continûment, chacun selon son style, Socrate et Diogène. Le premier enseignement, à mes yeux, concerne l'ignorance. Socrate, en défaisant les savoirs fragiles, en répétant qu'il sait seulement ne rien savoir, se constitue en gardien de l'ignorance. Voilà une posture pour nous précieuse, sur le registre tant individuel que collectif et politique. Il faut le répéter : dans un monde où prolifèrent les experts, où chacun se vante de maîtriser une compétence indiscutable et de résoudre les questions les plus complexes en quelques déclarations, Socrate rappelle les limites de nos savoirs, les zones d'ombre demeurant sur les interrogations les plus importantes. Négatif, certes, mais pour libérer l'esprit.

Deuxième enseignement : ce geste est toujours à recommencer, l'effort est permanent, on doit réinventer régulièrement la posture du trouble-fête. À chaque tournant de l'histoire européenne, ce fut le cas. De la Renaissance au XIXᵉ siècle, d'Érasme à Nietzsche, l'Occident voit surgir, chaque fois que ses évidences ont besoin d'être remodelées, une silhouette nouvelle du bonhomme. Il faut évidemment qu'il reprenne du service aujourd'hui, sur fond de crise et de perte des repères.

Troisième enseignement : ni Socrate ni Diogène ne sont principalement porteurs de nouvelles vérités. Leur tâche est plutôt de faire expérimenter combien la vérité fait défaut. Leur marque de fabrique : l'*aporie*, l'impasse, le sans-issue, l'absence de solutions. Au lieu de chercheurs de savoir, ce seraient des expérimentateurs d'ignorance, des maîtres en non-savoir. C'est ce qu'a récemment souligné François Roustang à propos de Socrate, en insistant sur ce que peut avoir de tonique ce geste qui semble seulement négatif : c'est en éprouvant qu'on ne sait rien qu'on se trouve poussé à vivre, jeté dans l'action pour découvrir que tout s'y décide en marchant.

Quatrième possibilité : ces perturbateurs appliqués à déstabiliser sont comme des grains de sable détraquant les machines à fabriquer de l'euphorie. La paix s'installe ? La démocratie triomphe ? L'humanité se développe ? Le confort règne ? Ils viendront nous rappeler que la guerre est proche, la démocratie fragile, l'humanité mortelle, le chaos possible. Comme l'a mis en lumière André Glucksmann, ces Cassandres utiles redisent sans discontinuer ce qu'on préfère ne pas entendre : le mal existe, périls et crises ne disparaissent jamais, sous les progrès la tragédie continue.

Ces gens-là n'abdiquent pas, demeurent sans fléchir, persistent à dénoncer les erreurs, à nous remettre en face de nos ignorances, à nous désabuser de nos illusions, à souligner nos confusions. Voilà pourquoi nous devons les faire revivre et les réinventer. Personne ne les aime ? C'est normal : vivre couché est bien plus simple.

Le dernier enseignement, selon moi, est de ne pas oublier de retourner leurs mises en garde contre eux-mêmes. Rien n'est plus simple que de s'installer dans les certitudes de l'ignorance, le confort de la déstabilisation incessante, le tranquille métier d'être un Socrate de secours ou un rebelle de service. Dès qu'elle devient posture systématique, action prévisible, révolte figée dans la répétition, la force créatrice des déstabilisateurs s'annule. Au lieu d'ouvrir l'horizon, ils le ferment. À la place de l'incertaine démocratie, ils font le lit des totalitarismes.

8

Parler pour convaincre

Démosthène, Cicéron

Saturés d'images, nous manquons de paroles. Singulièrement de paroles politiques. Dans ce domaine, nous nous sommes accoutumés aux petites phrases, aux slogans, aux formules toutes prêtes. Les grands discours, destinés à emporter la décision, nous sont devenus comme étrangers. Pourtant, longtemps, la démocratie s'est nourrie de ces paroles longues, maîtrisées et construites, qui se confrontaient à d'autres, de même acabit, pour exposer au peuple assemblé la meilleure issue à une crise en cours. Elles semblent appartenir au passé.

Raison de plus pour aller les découvrir. Pour retrouver cette forme singulière de gouvernance qu'ont incarnée les grands orateurs. Ce ne sont pas des déstabilisateurs comme Socrate ou Diogène. Ils paraissent même aux antipodes. S'ils secouent l'auditoire, l'incitent à s'éveiller, l'exhortent à quitter la facilité du laisser-aller et du laisser-faire, c'est toujours au nom de valeurs positives : honneur de la patrie, indépendance de la nation, intégrité des mœurs, austérité des ancêtres... toutes ces vertus ne nous parlent plus, ou même nous font sourire. Mais elles sont pour les orateurs politiques de l'Antiquité des points d'appui essentiels.

Leur travail, somme toute, consiste à lutter contre le déclin. Ils rallument les flammes quand tout fout le camp. Ils défendent l'intégrité contre la corruption, la mémoire des commencements contre l'usure des régimes. Pour endiguer le flot des lassitudes et des démissions, tout leur est bon – de l'émotion à l'analyse, du souvenir à l'insinuation, de l'ironie à la colère. Ils nous parlent d'un temps où la politique était une affaire de paroles.

L'athlète des plaidoiries

NOM	Démosthène, né vers 384 avant notre ère à Athènes
LIEU	Athènes
À LIRE	*Les Philippiques*
POUR	L'intransigeance et la prose

La légende s'est emparée très tôt de la vie de Démosthène. Sans doute est-il le premier grand modèle de ce profil, souvent répété dans l'histoire occidentale et pratiquement disparu : un jeune homme d'honorable condition, extérieur aux grandes castes aristocratiques, fait son chemin grâce à ses talents d'avocat, amasse une belle fortune en parlant pour convaincre, finit par incarner une autorité morale et politique capable de peser sur les grandes décisions politiques de son pays.

Fils d'un manufacturier fabricant d'armes, Démosthène aurait pu être riche si son père n'était mort quand il avait sept ans. Les tuteurs laissent péricliter l'affaire familiale, pourtant des plus prospères, et le jeune homme ne retrouvera qu'une faible partie de son héritage. C'est en essayant de faire valoir son droit, en poursuivant ses tuteurs, négligents ou inaptes, qu'il commence à découvrir les subtilités des lois et les règles de la rhétorique.

Sans doute était-il doué pour élaborer un discours et construire une argumentation prenante. Mais il sut également s'imposer une discipline de fer. Il comprend en effet que le métier d'orateur est aussi une affaire de voix qui porte, d'élocution claire et nette, de souffle qui tient, de gestes qui tombent à propos. Or tout cela s'exerce et se perfectionne. Réelles ou légendaires, les anecdotes abondent sur les entraînements de Démosthène.

Il s'exerce à parler sur la plage les jours de tempête, pour couvrir de sa voix le fracas des flots. Il s'emplit la bouche de graviers, pour s'obliger d'articuler clairement. On dit encore qu'il grimpe des collines en retenant son souffle, qu'il s'enferme des semaines dans une cave avec un miroir afin de travailler ses gestes. S'il est impossible de démêler le vrai du faux, le sens est évident : parler à

175

une assemblée pour la convaincre exige un entraînement physique.

L'orateur n'est pas simplement juriste, politicien, psychologue, logicien. Il ne doit pas seulement tenir compte des arguments. La force des preuves, la cohérence des enchaînements sont une chose. Une autre, essentielle elle aussi, est constituée du son de la voix, des ruptures de ton. S'y ajoutent les effets de surprise, la présence du corps. Celui qui parle pour convaincre est aussi un acteur. Il doit jouer les idées pour les rendre efficaces.

Je n'entre pas dans les interminables débats concernant la rhétorique et ses artifices par rapport à la vérité rationnellement établie. Entre la conviction superficielle, fondée sur des apparences et des astuces, et d'autre part le résultat méthodiquement établi, reposant sur un examen philosophique serré, l'opposition est vieille comme Platon. Je laisse aussi de côté les méandres de la politique athénienne au temps de Démosthène. Estimer son rôle, comprendre le détail de ses prises de position, jugées parfois excessivement volontaristes, exige de longues et fastidieuses explications.

Ce qui m'intéresse est autre chose : la relation entre ces longs discours et la démocratie athénienne. On n'a pas en tête, la plupart du temps, que ces exposés argumentés sont consubstantiels aux institutions démocratiques. C'est ce qu'expliquait très clairement Nicole Loraux. Je reproduis ses propos, car ils indiquent avec exactitude la relation entre les discours longs et la démocratie.

La démocratie directe est évidemment un régime de la prise de parole. Mais ce n'est pas le dialogue qui s'y trouve valorisé. C'est dans le « discours long » que les Grecs voient la parole proprement démocratique. À l'Assemblée, lorsque les citoyens athéniens hésitent entre plusieurs décisions possibles, chaque proposition d'action est présentée sous la forme d'un discours qui prend son temps pour parcourir toutes les étapes du raisonnement et tous les points d'une argumentation. L'auditeur n'a pas à saisir un message chiffré, il n'a pas à décoder une énigme : tout lui est exposé pas à pas. Le citoyen est donc en mesure de faire son choix en connaissance de cause, après avoir écouté, soupesé et comparé des discours opposés. Le choix entre les positions défendues par chacun de ces discours dépend de la décision singulière de chaque citoyen dans son vote.

Il ne s'agit pas là d'un dialogue. Les orateurs ne discutent pas entre eux. Leurs discours peuvent évidemment se répondre, et souvent ils s'opposent terme à terme. Mais c'est toujours à l'Assemblée qu'ils s'adressent, c'est elle qu'ils cherchent à convaincre. Chacun des deux discours s'adresse ouvertement à ce tiers que constitue l'Assemblée. Ils ne cherchent pas à se convaincre l'un l'autre, mais à convaincre leur auditeur commun. Et à l'issue de cet affrontement public, la multitude décide. Tel est le dispositif de la démocratie athénienne.

Le dialogue, à l'opposé, est pour les Grecs un genre aristocratique. Il procède par courtes unités, il « parle bref ». Et surtout il se déroule entre deux partenaires et n'est pas destiné à un ou à des tiers. Ainsi, il est précisé dans le *Gorgias* de Platon que

Socrate refuse de se comporter comme un homme politique, d'avoir un auditoire, parce qu'il veut seulement convaincre chaque fois une seule personne, celle qu'il a en face de lui.

Le maître abandonné

NOM	Cicéron, né en 108 avant notre ère à Arpinum
LIEU	Rome
À LIRE	Les grandes plaidoiries, *La République*, les traités philosophiques
POUR	Le vieux style

Cicéron subit à présent la plus complète disgrâce. Au fil des siècles, il a pourtant connu une incomparable notoriété. Avocat modèle, politicien-moraliste, philosophe-pédagogue, il n'était pas lu seulement pour le classicisme de sa prose et la pugnacité de ses plaidoiries. Il était vecteur de culture, passeur de la pensée grecque dans le monde latin, exemple de savoir humaniste et d'intégrité politique. C'est à ces titres que des générations l'ont traduit, admiré, imité. Il appartenait au fond commun de ce qui était à connaître.

« Pois chiche » (c'est ce que signifie *cicero* – son grand-père cultivait des pois et avait reçu ce surnom) est né dans un milieu aisé. Mais il sera toujours considéré par les Romains comme un provincial : il n'est pas né à Rome et n'y a pas été élevé. Venu tardivement dans la ville, il a connu, de son vivant, une gloire immense.

Extraordinairement doué pour composer des discours et organiser des plaidoiries, sans rival pour convaincre un auditoire au tribunal ou dans une assemblée politique, il a su incarner les vertus de l'ancienne république romaine, le respect des lois et la moralité publique, en un temps où ces mœurs commencent à se défaire. Avec Catilina, Scylla, César et Pompée se lèvent en effet des figures d'hommes forts, bientôt de dictateurs. Ils transformeront assez vite l'antique république en régime impérial.

Dans ce temps de mutation, Cicéron incarne la résistance, la nostalgie des vertus et de l'austérité. Il est aussi, et pendant des siècles, celui qui permet de comprendre les principales idées philosophiques des Grecs. C'est par lui, très souvent, que l'on a su en quoi consistaient les écoles de pensée des stoïciens, des épicuriens, des disciples d'Aristote et des sceptiques. Tous sont clairement présentés dans ses ouvrages. Il s'emploie à faire passer du monde grec au monde romain les idées et les termes. Cicéron fournit un important travail de traduction pour permettre le passage des notions essentielles d'une langue dans une autre. Il adapte en latin, en leur trouvant des équivalents, les principaux termes techniques des philosophes grecs.

Voilà donc un auteur que l'on a considéré comme un modèle à la fois d'art oratoire, de vertu politique, de vulgarisation philosophique. Théoricien des institutions romaines, pédagogue de haute volée, personnage historique, grand avocat qui avait fait fortune avec les

179

honoraires de plaidoiries de plus en plus recherchées, Cicéron a été au cœur des humanités. Dans l'histoire de la culture classique, peu d'auteurs ont été aussi fréquentés. Jusqu'au xixe siècle inclus, pas un médecin, notaire, pharmacien ou notable ne manquait d'avoir, dans sa bibliothèque, les œuvres de Cicéron. Les lycéens faisaient à tire-larigot des versions de Cicéron, apprenaient par cœur des fragments de ses plaidoiries.

Aujourd'hui, il semble que presque plus personne ne le lise, mis à part quelques historiens de la latinité. Ses ventes en livre de poche sont parmi les plus mauvaises de toutes. Platon, Sénèque et bien d'autres auteurs antiques trouvent de nouveaux lecteurs. Lui plus du tout. Il constitue le meilleur exemple de la déliquescence d'une certaine culture classique. Ainsi de grands auteurs de l'Antiquité qui furent durant des siècles des passeurs de valeurs et de connaissance d'une génération à une autre sont-ils tombés en déshérence.

Les raisons de ce désintérêt ? Sans doute avons-nous perdu l'habitude de recourir au filtre latin pour accéder à des œuvres grecques. Le déclin d'intérêt envers les traités « philosophiques » de Cicéron – comme le *De officiis*, le *De finibus*, le *De fato* – est lié à au fait que nous pouvons accéder, plus directement et plus aisément, aux sources grecques elles-mêmes. Toutefois, ce n'est qu'une explication très partielle.

Car la vraie notoriété de Cicéron, son incontestable gloire, était politique et rhétorique. C'est justement là

180

qu'il faut interroger sa disparition de la scène éducative. Il faut demander ce qu'incarnait Cicéron pour la postérité. Le modèle est simple : l'avocat devenu homme politique, capable de faire changer d'avis une assemblée au moyen de la force persuasive de ses discours. Ce modèle a duré des siècles. Ce n'est plus le cas.

Cicéron fut admiré tant que le modèle d'orateur politique qu'il incarnait a continué d'être efficace. Les hommes de la Révolution française se vivent comme des orateurs de ce type : ils expliquent et justifient face à l'auditoire la décision à prendre, la direction politique à suivre. Au XIXe siècle, les assemblées parlementaires des démocraties représentatives, les justices publiques demeurent organisées sur ce même modèle. Victor Hugo s'adressant au Sénat sous la IIIe République, Jaurès parlant à l'Assemblée, Léon Blum encore – et bien d'autres, de droite comme de gauche – ont incarné, jusqu'au milieu du XXe siècle, cet idéal de l'éloquence politique et de la persuasion.

L'évanouissement de Cicéron et la chute de fréquentation de ses œuvres se trouvent directement liés au changement de statut des hommes politiques, et de la parole politique, dans nos sociétés. Radio, télévision, Internet ont transformé le discours politique en communication. Les affrontements n'ont plus lieu sous la forme de propos organisés, mais au moyen d'images – photographies, films, profils et petites phrases.

Quand Jaurès, Clemenceau, Blum et les autres prenaient place à la tribune de l'Assemblée, le monde selon Cicéron avait un sens. Ce n'est pas seulement un monde où des avocats peuvent faire fortune – ce qui est toujours le cas. C'est un monde où la parole politique est construite, argumentée, mise en scène, développée, exposée, offerte à la compréhension, au pouvoir de convaincre, à la possibilité d'objecter. Ce n'est plus le cas.

Quelles leçons ?

Cicéron n'ennuie plus personne, Démosthène non plus. Pas de version latine ni de devoir de grec à l'horizon. Plus grand risque, donc, qu'ils pâtissent de cette disgrâce que subissent les auteurs scolaires, qu'on finit par délaisser en raison de l'ennui qui les a entourés en classe. Du coup, le temps est venu de leur rendre visite, comme on s'aventure en des lieux exotiques, dépaysants, teintés d'étrangeté. Pensez donc ! Des orateurs, quelle curieuse tribu !

Des gens qui traitent de politique avec des phrases bien formées, des plans construits, des arguments, des positions claires.

Des intellectuels qui sont aussi des artistes, des auteurs-compositeurs-interprètes de plaidoiries où il est question de choses comme la nation, la vertu, l'honneur, l'indépendance et la liberté.

Des penseurs-acteurs qui parlent humainement à d'autres humains, supposés capables de réfléchir, de comprendre, de juger, d'être en accord ou en désaccord avec eux, et qui pourraient aussi bien dire pourquoi, au nom de quels arguments.

Des hommes d'État qui ne méprisent pas leur auditoire, qui ne ménagent pas leurs adversaires, qui s'exposent à la contradiction, au jugement public, au tribunal de la raison.

Ce ne sont pas des choses qui nous manquent ?

V
MOURIR EN PAIX

« Qui ne craint point la mort ne craint point les
menaces. »

CORNEILLE, *Le Cid*, acte II, scène 1.

Envers la mort, nos habitudes sont à présent négligentes. Nous y pensons rarement, de façon floue, préférant écarter rapidement le sujet pour nous occuper d'autre chose.

Les hommes de l'Antiquité faisaient exactement l'inverse. Ils surent accorder à la mort une attention constante, diverse, aiguë, aussi exacte et précise que possible. Ils s'efforcèrent de la graver dans leur esprit et d'en tirer toutes les conséquences.

Ils n'y seraient jamais parvenus sans méditer sur la question du temps, sur les valeurs respectives de l'instant et de la durée, sur les relations entre la plénitude d'un moment et la succession des jours et des ans.

C'est ce que nous faisons de moins en moins. Happés par la seconde présente, puis la suivante, et encore par celle d'après, étourdis par la succession des nouveautés de chaque heure aussitôt remplacées par d'autres, nous perdons de vue l'échelonnement des âges, des générations, des siècles.

En fait, nous perdons le temps. Supposés en gagner — par le biais des machines et des rationalisations de toutes sortes —, non seulement nous manquons de temps, mais, plus gravement encore, nous manquons le temps. Nous esquivons la pensée de cette relation nécessaire de même que nous fuyons celle de la mort. C'est évidemment un seul et même geste. Mais nous ne l'apercevons pas toujours.

Lire les Anciens le fait voir d'emblée. Entre les historiens qui affrontent le temps qui fuit et les philosophes censés apprendre à mourir, le combat est le même.

9

Savoir le prix du temps

Hérodote, Thucydide

Nous ne manquons certes pas d'historiens. Ni de livres d'histoire. Les librairies en regorgent, les lecteurs en redemandent. Mais cette fièvre est aussi un symptôme, un des signes compensatoires d'une étrange maladie qui s'est emparée des sociétés postindustrielles. « Présentisme » pour les uns, « court-termisme » pour d'autres, cette pathologie se caractérise par une perte des perspectives temporelles. Tout se passe maintenant. Ni le passé ni l'avenir ne signifient plus grand-chose.

Ce qui s'est dissous ? La conviction d'hériter des siècles antérieurs, le devoir de transmettre aux générations suivantes. Tout cela s'est mystérieusement estompé. On a vu, en peu de temps, s'effacer presque l'ancienne et banale conscience d'être situé à un moment donné du défilé des siècles – dépendant de ceux qui nous ont précédés, et responsables, en grande partie, de ceux qui suivront. Dia-gnostiquer les causes de ce vaste phénomène serait un autre propos.

Toutefois, la compagnie des Anciens peut tempérer ces dysfonctionnements. Avec Grecs et Romains s'inventent en effet l'histoire, le travail des historiens, le sens d'un récit des faits mémorables, que l'on juge important de rassembler et d'inscrire pour le léguer à la postérité. Sans doute les grands historiens grecs (Hérodote, Thucydide) et romains (Tite-Live, Tacite) ne font-ils pas exactement le même type de travail que nos modernes historiens. Leurs objets et leurs méthodes diffèrent. Mais les intentions et perspectives d'ensemble sont assez proches pour qu'on puisse penser que les points communs l'emportent.

Curieux des autres

NOM	Hérodote, né vers 484 avant notre ère à Halicarnasse
LIEU	Le voyage
À LIRE	*Histoire*
POUR	Son goût des autres

« Invention de l'histoire », qu'est-ce ? Hérodote publie une *historia* – le terme signifie aussi bien « investigation », « enquête » qu'« histoire ». Son intention première : mettre en perspective les guerres médiques qu'il a sous les yeux et qui opposent, durant de nombreuses années, les Grecs et les Perses. Hérodote projette d'en dessiner l'arrière-plan. Il veut comprendre de quelle manière ces guerres longues – décisives pour la survie des Grecs comme pour la construction de leur identité – ont été préparées par les époques antérieures. En remontant dans le passé des Grecs comme dans celui des Perses, en éclairant des faits, des manières de vivre et de penser, Hérodote ne veut pas seulement décrire les événements, mais comprendre leurs causes, discerner leur logique interne, remonter le fil de ce qui a produit ce résultat que chacun a sous les yeux.

Il convient donc de replacer l'invention de l'histoire dans la conquête, par la pensée grecque, de l'objectivité. Elle s'élabore dans d'autres domaines que l'histoire : physique, astronomie, géographie, observation des phénomènes météorologiques, sciences naturelles et même, sous un certain angle, pensée philosophique proprement dite. Sur tous ces registres, un même geste : sortir du mythe, passer du mythe à la raison, quitter une parole poétique et affirmative pour construire un savoir logique et cohérent, vérifiable par chacun de manière effective.

Du côté du mythe règne le récit des origines, la naissance légendaire du peuple grec, les hauts faits où s'affrontent et se soutiennent, en des combats exaltants et terrifiants, des dieux et des héros, des hommes extraordinaires, surpuissants, demi-dieux, nimbés de gloire et de mystère.

Du côté du *logos*, de la rationalité, l'historien va demander si ce qu'on dit est vrai, si ce que rapporte tel

191

récit est imaginaire ou réel. Un des premiers critères de cette objectivité historienne est le vraisemblable. Hérodote et, à sa suite, tous les historiens de l'Antiquité se demandent si les matériaux dont ils disposent – récits recueillis, propos rapportés, légendes locales – sont ou non dignes de foi. Faire le tri, établir les vraisemblances sont les premières tâches de la rationalité historienne.

Ce qui va de pair avec l'attention aux autres. Hérodote est animé d'un désir permanent de découverte. Il veut savoir comment les peuples vivent, quelles sont leurs coutumes, leurs croyances, leurs manières de se vêtir, de s'alimenter, de rendre un culte à leurs divinités particulières, leur façon de voyager ou de faire la guerre. Voilà ce qui le passionne, dans ce qu'il peut voir des Égyptiens, apprendre de l'Inde, entendre dire des Perses ou des Scythes.

Ici, la naissance de l'histoire se confond évidemment avec celle de l'ethnologie et de l'anthropologie. Hérodote est le premier à avoir tenté de définir les spécificités des autres et l'identité des Grecs. Il s'y applique avec une curiosité intense, une sorte d'appétence jamais lasse. Plutarque le jugera « barbarophile », le soupçonnant de trop apprécier les barbares. Propos polémique, évidemment. Car Hérodote ne préfère pas les barbares. Il se contente de mépriser rarement les peuples étrangers. Il admire notamment les Égyptiens pour la hauteur de leurs connaissances, la puissance de leur savoir, l'antiquité de leur science et de leur religion.

Mais il s'agit moins d'amour ou d'amitié que de curiosité. Ce qui est très différent. Cette volonté de savoir pousse Hérodote à recueillir des informations et à les classer pour fournir aux Grecs bien des détails qu'ils ignoraient, avant lui, sur les peuples qui les entourent. Toutefois, dans le même temps, il voit les autres à travers le filtre de schémas grecs. Ainsi au livre III de son *Enquête* (§ 80-82) fait-il état d'une délibération supposée avoir eu lieu chez les Perses pour déterminer le meilleur régime politique.

Pareille discussion est très étonnante – il le souligne lui-même –, car elle reproduit, en terre barbare, un débat grec des plus classiques. La discussion est censée opposer trois personnages : Otanès défend la démocratie, Mégabyse, l'oligarchie, Darius, la monarchie. En attribuant aux Perses une telle confrontation, et surtout la présence d'un défenseur du gouvernement démocratique, Hérodote paraît réellement fort généreux.

Ses contemporains se représentent les Perses comme tous soumis à la seule volonté impériale, « esclaves d'un seul », aux antipodes de cette égalité que la démocratie fait régner entre les citoyens. Leur attribuer cette discussion, c'est rendre les Perses égaux aux Grecs, à tout le moins du point de vue du discernement des régimes politiques possibles.

Cette générosité apparente peut se lire en sens inverse : il s'agit, de la part d'Hérodote, d'une pure et simple projection. En fait, c'est en prêtant aux autres ses propres conceptions qu'il veut défaire les préjugés qui les concernent. Pour choisir la forme monarchique dans laquelle ils sont gouvernés, il faut que les Perses aient eu une discussion semblable à celles que peuvent avoir, entre eux, les philosophes grecs ! L'attention aux autres, ici, est donc moins une découverte effective de leur altérité qu'une assimilation à soi.

L'obsession de la postérité

NOM	Thucydide, né vers 460 avant notre ère près d'Athènes
LIEU	Athènes
À LIRE	*La Guerre du Péloponnèse*
POUR	Son sens politique

Dans *La Guerre du Péloponnèse*, Thucydide, lui aussi, a pour objectif de comprendre les causes du conflit et les ressorts de son déroulement. Il veut même mettre en lumière les aspects économiques, politiques, sociaux, psychologiques des multiples péripéties de ce long engrenage. Pourtant, si ces termes sont toujours les nôtres, ils ne doivent pas faire croire trop vite que Thucydide soit un historien de notre temps.

Une notable différence réside dans la reconstruction des récits et des discours que sont censés prononcer les protagonistes. Thucydide, comme la plupart des historiens de l'Antiquité, est écrivain avant d'être archiviste. Son souci n'est pas celui de la vérité factuelle, mais celui de l'éloquence et des phrases bien composées. Avant toute bataille, un général est censé exhorter ses troupes, s'adresser aux soldats pour leur rappeler les hauts faits de leurs ancêtres ou la noirceur des desseins de l'ennemi. Moment d'éloquence plus que de gestion militaire.

Thucydide prend un soin extrême, et probablement un plaisir non moins vif, à parfaire ces discours. Des morceaux d'anthologie : bilan de la situation économique ou militaire, analyse de la psychologie des adversaires, justification des décisions... Ces discours fictifs combinent des genres divers. Leur composition proprement littéraire les destine évidemment aux lecteurs à venir. Ce n'est pas aux hommes de troupe, censés écouter, que l'on parle ainsi.

C'est bien à la postérité que s'adresse l'historien antique. D'entrée de jeu, les siècles à venir deviennent son auditoire, le futur son terrain, l'horizon le plus lointain son espoir. Le récit des événements n'est, à la limite, qu'un prétexte, indispensable mais secondaire. Dire qui a gagné cette bataille, à quelle date et dans quelles circonstances est nécessaire, en aucun cas suffisant. Il faut pouvoir en tirer des leçons, en particulier des enseignements moraux.

C'est pourquoi la sélection des faits, leur composition, leur mise en perspective ont plus à voir avec les manières du romancier qu'avec les méthodes de l'historien. Parce que, une fois encore, la postérité est incluse dans le récit. Dès le départ, l'auteur a eu le sentiment

195

que la guerre du Péloponnèse serait décisive. C'est pourquoi il en suit les rebondissements.

Voilà donc un historien contemporain de la guerre qu'il observe, qui en scrute le déroulement et les péripéties dix-huit années durant. Sa décision inaugurale : avoir jugé la situation cruciale. Imaginons un contemporain qui aurait eu le sentiment, le 11 septembre 2001, que commençait à se dérouler, ce jour-là, un conflit nodal pour l'histoire contemporaine. Il se serait mis à suivre tous les développements de la guerre contre la terreur, depuis les attaques des mouvements terroristes jusqu'aux évolutions des stratégies respectives d'Al-Qaida, de la CIA, etc.

Cette comparaison trouvera vite sa limite, mais, comme point de départ, elle ne paraît pas fausse. L'étonnant est ailleurs. Thucydide n'a pas seulement la conviction de l'importance à venir de cette guerre qui commence sous ses yeux. Il éprouve le sentiment que tout ce qu'il va pouvoir recueillir comme informations et témoignages, ce qu'il va recomposer comme discours et explications à propos de cette crise longue, complexe et décisive va constituer une œuvre qui traversera le temps.

Voilà ce que nous n'avons plus, et qui nous semble même très surprenant. Présente déjà chez les héros d'Homère, qui ont le sentiment que leurs exploits continueront à être chantés à travers les siècles, l'obsession de la postérité habite l'historien tout au long de son travail. L'œuvre qu'il compose, dit-il au commencement, constituera un *ktèma es aeï*, un « trésor pour toujours ». Ce que fait l'historien va constituer un acquis définitif, une œuvre qui vaudra pour l'éternité.

Quelles leçons ?

Faudrait-il donc considérer les historiens antiques comme des héros singuliers, livrant à leur manière d'étranges combats contre la mort ? Ce n'est pas impossible. Après tout, ils font parler les défunts, conservent des disparus les hauts faits comme les petites mesquineries, gravent pour l'avenir les alliances, trahisons, exploits et vilenies des uns et des autres. Ils cherchent à retenir, quitte à recomposer, les propos qui ont été tenus, les grands moments d'éloquence des hommes politiques et des généraux. Ils s'efforcent de comprendre la psychologie des acteurs disparus comme les causes et les conséquences des faits évanouis.

Avec l'ambition toujours tenace que cette masse de détails et de raisons puisse se conserver d'une manière éternelle. En fait, s'ils scrutent la vie, c'est à la fois pour la faire échapper à la mort, mais aussi pour la rendre à la mort en la figeant à jamais.

10

Partir sans regrets

Calanos, Sénèque

On l'a mille fois répété : notre époque manque, plus que toute autre, de familiarité avec la mort. Les individus meurent toujours, inéluctablement, cela va de soi. Mais en cachette, à l'écart, à l'hôpital, presque à la sauvette. L'attente de la mort, le souci de sa préparation, la célébration de sa venue ne figurent pas au centre de nos préoccupations. Tout se passe comme si nous avions perdu le souci d'être mortel. Quand nous y pensons, c'est de biais, par moments, de manière détournée, presque honteuse. Nous écartons cette pensée. Nous nous efforçons malgré tout de repousser l'échéance, de combattre les effets du temps. Nous repoussons donc la limite, mais sans la regarder.

Au contraire, le souci de la mort est central pour les Anciens. Les Grecs dénomment les hommes « les mortels ».

Par opposition aux dieux qui ne meurent jamais, cela va de soi, mais pas seulement. Parmi tous les vivants, destinés comme eux à périr, les hommes sont les seuls à avoir conscience que leur fin vient un jour. Les seuls à anticiper cette disparition, à s'interroger sur ce qui advient ensuite.

Contrairement à nous, Grecs et Romains considèrent que la peur de la mort est la première terreur à conjurer. Toutes les écoles de sagesse s'emploient à la maîtriser. Se défaire de cette panique revient à vivre sereinement, l'obstacle principal qui nous en empêche étant ôté. Ne pas craindre la mort est le deuxième des quatre éléments du remède d'Épicure. Il veut faire comprendre que la mort n'est rien, qu'elle est seulement privation définitive de sensations. De cette absence complète nous n'avons rigoureusement rien à craindre. Il faut donc se débarrasser – Épicure y insiste, Lucrèce également – de l'illusion fréquente qui fait croire qu'on ressentirait quelque chose une fois qu'on est mort. C'est impossible, puisque la ruine des organes des sens entraîne la perte de toute sensation. Insensés, donc, ceux qui craignent de voir leur cadavre dévoré par les lions, ou s'inquiètent du tombeau où ils vont pourrir, puisque, par définition, ils ne sentiront rien.

Si la mort n'est rien, le trépas en revanche est important. Ce moment de la mort, aux yeux des Anciens, révèle de quoi une vie est faite. C'est l'instant capable de révéler, sans échappatoire possible, quel individu on est. D'où une attention – que nous avons tout à fait perdue – à la manière dont on meurt, aux derniers mots proférés, à l'attitude pendant l'agonie. Pour les hommes de l'Antiquité, c'est un moment de vérité crucial, éclairant et révélateur. Au contraire, nous avons plutôt l'habitude de mourir à l'écart, sans que personne ne regarde. Quand quelqu'un meurt, nous nous détournons. Nous n'observons pas les agonies. C'est tout l'inverse dans les siècles antiques : le moment de la mort, auquel on s'est préparé, permet de montrer qui l'on est, et aux autres de voir à qui ils avaient affaire.

« On voit le fond du pot », comme dit Montaigne, perpétuant cette tradition. Voilà pourquoi les Anciens sont si attentifs au trépas des sages et des philosophes. Derniers moments, dernières paroles : Empédocle se jetant dans la lave de l'Etna, en ne laissant que ses sandales, Chyrisippe mort de rire après avoir vu un âne manger des figues à ses côtés, Diogène intoxiqué par l'ingestion d'un poulpe cru... Sans oublier Socrate, forcément exemplaire et forcément sublime. Respectant les lois qui l'ont élevé, il acquiesce à l'injuste condamnation à mort prononcée contre lui par le peuple d'Athènes à l'assemblée. Il refuse de s'évader de prison, alors qu'il était fréquent qu'un condamné à mort – surtout pour des raisons politiques – puisse s'esquiver avant l'exécution de la sentence et vivre en exil le reste de ses jours. Socrate écarte cette solution proposée par ses disciples. Comme on l'a déjà dit, il va donc ingérer la ciguë, poison qui paralyse lentement. Le froid envahit son corps qui s'engourdit. Le processus dure plusieurs heures. Socrate est obligé de prendre des doses successives et, pendant ce temps – sujet qui a donné matière à de nombreux tableaux classiques –, il console ses disciples, leur donne quelques leçons de philosophie, de sagesse, de civisme et de grandeur humaine.

Il semble donc illustrer à la perfection la formule que Platon lui attribue dans *Phèdre* : « Philosopher, c'est apprendre à mourir. » Phrase singulière, paradoxale, car tout apprentissage suppose une répétition. Apprendre à jouer de la flûte, c'est jouer plusieurs fois, recommencer à de multiples reprises. Or personne ne meurt plusieurs fois, ni ne recommence sa mort. Impossible d'apprendre ce qui n'aura lieu qu'une fois.

La formule signifie seulement qu'il s'agit de « se préparer à », de « se soucier de ». *Mélétè thanatou* désigne le souci, le soin attentif (*mélétè*) accordé à la mort (*thanatos*). Cet apprentissage se retrouve dans une longue tradition occidentale, de Montaigne à Schopenhauer. Mais il peut s'entendre de deux façons. Dans le premier cas, les philosophes « apprennent à mourir » au sens où ils se détachent progressivement des biens de ce monde, refusant de s'accrocher à l'existence, de s'immerger dans les désirs, les plaisirs, les sensations. Pareil refus de la vie est attribué par Platon aux philosophes et à Socrate dans maints passages du *Phèdre*. Il est probable qu'il s'agit là de son penchant propre pour l'ascétisme plutôt que de l'enseignement originel de Socrate.

Mieux vaut comprendre – second sens possible – qu'il s'agit de penser à la mort, de vivre avec cette préoccupation, d'être soucieux du fait que l'on va mourir. Ce souci ne signifie pas qu'on appréhende, qu'on se laisse gagner par peur, qu'on est obsédé par cette pensée. Au contraire : la conscience du caractère fini de notre existence, la méditation appliquée à notre finitude, les conséquences que l'on peut en tirer pour la conduite de notre quotidien – heure par heure, jour par jour – seront ce qui nous libère de cette angoisse.

Sans doute ne sommes-nous pas en mesure, nous qui en sommes si loin, de retrouver réellement, aujourd'hui, l'ampleur et la profondeur de cette préoccupation libératrice. Mais nous pouvons au moins tenter, par la fréquentation de ces textes, de compenser quelques méfaits de notre actuelle insouciance. Car une vie qui ignore qu'elle va mourir, qui choisit de ne pas le savoir, qui détourne son attention et son regard, qui se croit sans limites, sans borne aucune, et s'imagine pouvoir se poursuivre indéfiniment n'est plus une vie humaine.

Un bûcher spectaculaire

NOM   Calanos, né en Inde aux environs de 370 avant notre ère
LIEU   Inde du Nord
À LIRE   *Vie d'Alexandre* de Plutarque
POUR   Une légende oubliée

Le premier exemple de mort philosophique qui m'intéresse est méconnu. Célèbre dans l'Antiquité – les allusions qui le concernent se retrouvent au fil des siècles –, la mort de l'Indien Calanos n'a laissé, dans la culture des Modernes, aucune trace significative. Raison de plus pour se pencher sur les éléments qui nous restent. Dans les *Vies parallèles,* Plutarque mentionne, à un détour de la *Vie d'Alexandre*, la présence auprès du jeune conquérant de deux sages indiens, Dandamis et Calanos. Ce sont des « gymnosophistes », comme disent les Grecs, des sages-et-savants (sophistes, dérivant de *sophia,* savoir et sagesse) qui vivent nus (*gumnoi*). Ces sages nus sont des renonçants indiens, des ascètes qui ont fait vœu de nudité.

La première fois qu'il est question d'eux chez Plutarque, c'est pour souligner combien Alexandre s'intéresse à la philosophie. Il a suivi les leçons de philosophes grecs et veut aussi savoir ce que pensent ces sages indiens. Sur les relations d'Alexandre aux sagesses indiennes, il existe plusieurs témoignages, notamment celui du pseudo-Callisthène, qui dans *Le Roman d'Alexandre* donne des indications intéressantes. Entre les Grecs et les philosophes de l'Inde, les relations furent en effet plus nombreuses qu'on ne le croit généralement.

Calanos a reçu Onésicrite, un élève de Diogène, et a commencé par lui demander de se mettre nu s'il voulait discuter. L'autre sage indien, Dandamis, plus avisé peut-être, a soutenu que cela n'était pas la peine. Calanos apparaît donc comme un caractère raide. Il est dogmatique au point de vouloir imposer aux Grecs ses propres usages. Toutefois sa présence a frappé l'imagination des Grecs, à tel point qu'il sera mentionné pendant des siècles comme exemple de sagesse. Resté plus d'une année avec les troupes d'Alexandre, ce brahmane porte un nom grec forgé sur le terme *kala* qui signifie en sanskrit « salut ». On l'a appelé « Calanos » parce qu'il disait « *kala* »... Ce surnom est devenu par la suite un nom commun : les « Calanos » (*kalanoï*, en grec ancien) désignent, dans certains textes, les Indiens !

Plus que tout, c'est la mort de Calanos qui a marqué les Grecs. Voici en quels termes Plutarque en fait le récit : « Calanos, qui, depuis peu de temps, souffrait de l'intestin, demanda qu'on lui dressât un bûcher. Il s'y rendit à cheval puis, après avoir prié, après s'être consacré en répandant sur lui des libations et avoir offert en prémices une mèche de cheveu, il monta sur le bûcher, en saluant de la main les Macédoniens présents et en les invitant à passer la journée dans la joie et à s'enivrer avec le roi : il le reverrait bientôt à Babylone, déclara-t-il. Cela dit, il se coucha et se voila le visage. À l'approche du feu, il ne bougea pas et garda la position qu'il avait adoptée en se couchant. Ce sacrifice était conforme à l'usage ancestral des sophistes de son pays. »

Ce récit, en lui-même assez étrange, ne correspond pas, malgré ce que dit Plutarque, aux usages des brahmanes. Il n'est pas impossible qu'un homme vivant se mette à mort par le feu sur un bûcher, mais le fait est rare. Usuellement, c'est après sa mort qu'il est incinéré. La manière dont meurt Calanos ne constitue pas une pratique normale ni fréquente en Inde. Pourtant, cette scène est devenue canonique pour les Grecs. Tellement impressionnés par le spectacle de cet homme mourant dans les flammes sans un cri, face à l'armée assemblée, tous les Macédoniens assistant à cette grande mise en scène, les textes ont répété que tous les Indiens mouraient ainsi !

La mort de Calanos a donné naissance à un mythe durable sur la mort philosophique indienne. On le retrouve notamment chez Lucien dans *Perigrinus Proteus* : c'est en montant vivant sur un bûcher, « comme font les Indiens », que ce chrétien devenu cynique va mettre fin à ses jours, ainsi qu'il l'annonce à l'avance. Très tardivement, au début de l'ère byzantine, il est encore question de Calanos pour décrire la manière dont meurent les brahmanes.

Ce qui a frappé les Grecs n'est pas le caractère étrange et presque exotique de ce prétendu rituel. Dans cette mort volontaire, ils voyaient surtout réalisée la volonté majeure du sage – suffisamment ferme, suffisamment libre et forte pour décider de mettre un terme à son existence si les circonstances l'exigent. Le style courageux, énigmatique aussi, du suicide de Calanos leur a paru l'indice d'une maîtrise de soi exceptionnelle, la manifestation d'une sagesse supérieure.

Si l'on met à part l'arrivée à cheval, le visage voilé, le bûcher grandiose, Calanos rejoint une tradition qui traverse la Grèce et Rome : celle de la mort volontaire assumée, qu'on se donne à soi-même quand il est nécessaire, et sans qu'il y ait de quoi en faire toute une histoire. Voilà qui est plus net encore dans l'exemple – fort connu, lui – de la mort de Sénèque.

Un si long suicide

NOM	Sénèque, né en 4 avant notre ère à Cordoue
LIEU	Rome
À LIRE	*Lettres à Lucilius*
POUR	Son style de pensée et d'écriture

Le stoïcisme est d'abord une philosophie du faire, de l'usage, de l'acte. Il s'agit de mettre en œuvre les préceptes. L'essentiel est l'action, ce que l'on fait, plutôt que les intentions. Cet aspect de la doctrine stoïcienne, lorsqu'on l'applique à la mort, s'entend de deux façons.

On peut comprendre que mourir est ce que nous faisons de manière permanente, constante, pratiquement quotidienne. Ainsi la mort, dans la pensée de Sénèque, n'est-elle pas ce point final qui arriverait, comme par surprise ou par surcroît, tout à la fin du parcours. C'est l'inverse : elle nous accompagne de bout en bout, nous la vivons au jour le jour, nous progressons vers elle d'heure en heure.

Il devient d'ailleurs inexact de s'exprimer en ces termes de progrès ou de cheminement vers un terme. Sénèque insiste plutôt sur la coexistence permanente de la vie et de la mort, leur étroite intrication. Ou plus exactement leur coextensivité : dès l'instant où l'on voit la lumière, on prend le chemin de la mort, on va vers le terme fatal, comme il le dit dans l'un de ses tout premiers textes, la *Consolation à Marcia*. L'espace de la vie et celui de la mort progressive se superposent exactement. Mourir est une activité de chaque jour. Nous avons, en ce sens, un usage de la mort, une pratique permanente sans commune mesure avec l'instant du trépas, qu'elle précède de toute la durée de l'existence.

L'autre manière de comprendre la relation de la mort avec cette philosophie de l'acte, c'est évidemment le fait de se donner à soi-même, souverainement, la mort. Incontestablement, il existe une longue fascination de Sénèque envers le suicide. Nous devons pouvoir être libre de choisir notre mort, estime-t-il. Autant notre vie regarde les autres, autant notre mort, à ses yeux, ne regarde que nous. Il collectionne, si l'on peut dire, les suicides de gla-

diateurs, de barbares ou d'esclaves – gens écrasés, domi-
nés, asservis qui, en choisissant de se donner la mort plutôt que de la subir, manifestent par ce dernier signe leur
humanité libre, l'ultime sursaut de leur indépendance.

Cette pensée accompagne Sénèque tout au long de sa
vie méditative. Elle chemine au rythme des progrès que
fait vers la philosophie ce grand fonctionnaire. Car ce
n'est pas un professionnel, il aborde la philosophie
d'abord en amateur et finira, à force de s'exercer, par
devenir un des principaux maîtres de la pensée stoïcienne. Son premier texte, rédigé pour consoler Marcia
de la perte de son jeune fils, va jusqu'à faire un éloge de
la mort, « la plus belle invention de la nature ».

D'emblée, pour Sénèque, la vie n'est aimable que
dans la mesure où la mort existe. Elle nous permet de
nous échapper quand nous souffrons trop, tout comme
elle nous incite, par sa seule présence à l'horizon, à nous
inclure plus intensément dans ce que nous vivons.
Imaginons que nous ne mourions pas : nous serions
tout autres. Pas vraiment des êtres humains. Car ce qui
nous définit le plus certainement, c'est avant tout, dit
Sénèque, que « nous ne sommes que des hôtes de
passage ».

Voilà pourquoi la mort est à méditer avec constance.
Sans doute les manières d'y penser peuvent-elles varier,
selon les circonstances et les contextes. Mais il s'agit bien,
malgré tout, de toujours penser la même chose. Dans la

vingtième des *Lettres à Lucilius*, Sénèque affirme :
« Qu'est-ce que la sagesse ? C'est de toujours vouloir ou
ne vouloir pas les mêmes choses. » On pourrait préciser :
toujours penser ou ne pas penser les mêmes choses. C'est
pourquoi dans la lettre 70, vers la fin de sa vie, Sénèque
dit encore et toujours que la mort est « le port », l'endroit
où se destine la navigation de notre existence – quels que
soient la durée du voyage ou les aléas du périple.

L'important n'est pas la longueur d'une existence, le
nombre de ses années, mais son intensité et surtout sa
rectitude. « Ce qui est un bien, dit la lettre 70, ce n'est
pas de vivre, mais de vivre bien et il faut se préoccuper
sans cesse de ce que sera la vie, non de ce qu'elle durera. »
De la même manière, l'affaire n'est pas de mourir plus tôt
ou plus tard, l'affaire est de « bien ou mal mourir ». Que
signifie donc « bien mourir » ou « mal mourir » aux yeux
de Sénèque ? Bien mourir, c'est savoir quitter sans gémir
la table du banquet, ne pas regretter ce qui est inéluctable, avoir suffisamment vécu de manière droite et libre
pour ne pas se sentir attaché à ce qu'on doit nécessairement laisser.

« Bien mourir », c'est aussi choisir sa mort plutôt que
d'en subir une indigne. Ayant beaucoup songé à son suicide,
n'ayant cessé de répéter que c'était une manière de pouvoir
sortir de l'existence de manière libre et digne, Sénèque
s'attendait à se voir un jour intimer l'ordre de mettre fin à
son existence. C'était le cas, sous l'Empire, lorsque l'empe-

reur voulait se débarrasser de quelqu'un appartenant à l'élite. Sénèque s'y attendait car ce n'est pas impunément que l'on est le précepteur de Néron. Entre ce stoïcien et ce monstre se tisse l'histoire d'un échec et d'une haine.

Sénèque a tenté de faire de Néron un philosophe, un empereur éclairé, une personne humaine équilibrée. Ce qu'est devenu l'empereur signe la faillite totale de sa pédagogie. De son côté, Néron garde envers son ancien maître une haine inextinguible : tout ce que désirait devenir Néron était ce que Sénèque ne voulait pas. C'est contre lui que Néron s'est construit. Il ne peut que se réjouir d'une occasion offerte d'ordonner à son ancien précepteur de se mettre à mort. Le prétexte : une conjuration organisée par Pison. Sénèque n'y a pas participé, mais son nom s'est trouvé cité...

La fin ne se déroule pas comme prévu. Tacite en fait le récit. Sénèque va consoler son épouse, dicter ses dernières volontés, ne se départir jamais de la sérénité qui sied aux sages. Pendant que son sang coule et que ses forces déclinent, il continue à livrer à ses proches ses derniers messages philosophiques. Cette constance du sage, comme l'a souligné Paul Veyne, est aussi une forme de résistance politique à l'absolutisme de l'empereur.

Il existe toutefois une face moins esthétique de ce trépas. L'agonie est longue et difficile. Pour des raisons qui tiennent probablement à son régime de vie, à sa bonne santé ou à sa maigreur et à sa robustesse réunies, le corps de Sénèque résiste longuement aux efforts déployés pour le faire mourir. Tacite rapporte qu'il s'est ouvert les veines, mais que le sang coule trop peu. Il se taillade les jambes pour accentuer l'hémorragie. Cela ne suffit toujours pas. Il lui faut avaler un poison qu'il avait en réserve. Celui-ci ne produit pas l'effet escompté. On doit finalement porter Sénèque dans une étuve. Il finit par suffoquer, sous les effets conjugués de la chaleur, du poison et des hémorragies...

Quelles leçons ?

Notre préoccupation n'est pas de mourir à la manière de Sénèque dans un suicide lent, difficile, commandé, finalement grandiloquent et pénible. Nous sommes même aux antipodes de ces scènes qui ont fasciné les hommes de la Révolution française et d'autres adeptes de sacrifices héroïques. L'agonie de Sénèque eut une vaste postérité dans la peinture comme dans la littérature européenne de l'Âge classique, où nombre de récits finissent même par faire de Sénèque une sorte de Christ.

Ce qui nous est nécessaire se dit autrement : retenir, par-delà les légendes ou les représentations figées, la nécessité de vivre avec la proximité, voire la présence, en nous, d'une mort progressive, inéluctable et tenace. La question que nous avons à retrouver n'est donc pas à proprement parler celle du suicide, ni celle de la terreur de mourir.

C'est avant tout celle de l'intime familiarité avec la mort. Notre vie n'a véritablement de poids, de lest et de sens que si nous nous savons mortels. Non pas d'un savoir abstrait, lointain, général, mais au contraire d'une connaissance interne, continue, apprivoisée. C'est l'exercice auquel Sénèque et bon nombre des Anciens ne cessent de nous convier.

Cet entraînement est d'autant plus indispensable que, comme l'histoire contemporaine l'a montré, l'allongement de la vie, les soins et les préoccupations dont elle fait l'objet peuvent s'accompagner d'une prolifération de massacres, d'une intensification sans précédent de l'indifférence et de la barbarie. Il se pourrait bien qu'avoir la mort en tête, s'efforcer de l'apprivoiser de manière continue, lente et permanente, soit un moyen de contribuer à éviter le meurtre de l'autre autant que l'oubli de soi.

CONCLUSION

Humanités et humanité

> « Les anciens, Monsieur, sont les anciens et nous sommes les gens de maintenant. »
> MOLIÈRE, *Le Malade imaginaire*, acte II, scène 7.

Ce serait si simple, une recette pour vivre. On n'aurait qu'à suivre les instructions : ingrédients, ustensiles, récipients, températures, durée, assaisonnements… et voilà, on vivrait. Comme il faut. Selon le modèle éprouvé, conformément à une indiscutable tradition. Ce serait rassurant. Du moins dans un premier temps. En fait, ce strict encadrement deviendrait vite étouffant. Et finalement insupportable.

Ce ne sont donc pas des astuces pratiques, des trucs et ficelles pour le quotidien, qu'il faut demander aux Anciens. Chacun peut évidemment emprunter à tel auteur antique un conseil pratique, une règle précise. On n'a que l'embarras du choix : ivresses, jeûnes, transes, possessions, déductions, devinettes, exercices spirituels, extases, dégri-sements, exhortations, provocations, parodies, règles de conduite, rébellions, examens de conscience… on trouve tout, et sous mille formes, dans l'héritage grec et romain. Le stock est impressionnant.

Ce serait toutefois une erreur de s'en tenir là. Quelques milliers de textes ont traversé les siècles – ils représentent, en gros, 10 % de ce qui fut rédigé dans l'Antiquité. Mais ils constituent tout autre chose qu'un entrepôt de curiosités ou un magasin des accessoires. S'emparer d'une maxime quelconque, tenter de l'appli-quer aujourd'hui, hors de son contexte, isolée de l'ensemble qui lui donnait sens, c'est la moins bonne manière de se soucier des Anciens.

Cela revient à se déguiser en toge ou à s'exercer au maniement de la lance de bronze. Rien d'interdit, rien de condamnable. Mais une tentative dépourvue d'intérêt, signe d'étroitesse d'esprit. Tout autre est la leçon de diversité, d'ouverture, d'irréductible pluralité que dispen-sent pour aujourd'hui Grecs et Romains.

Car les réduire à l'unité est impossible. Archaïques ou décadents, matérialistes ou mystiques, lyriques ou caus-tiques, exaltés ou désabusés, sous quelque angle qu'on les considère, ils ne peuvent constituer un ensemble homogène. Le mystère, c'est qu'ils forment bien un monde, effective-ment unique, organisé, mais en même temps disparate, tra-versé de dissensions et de dissonances impossibles à résorber.

On a parfois reproché aux Anciens cette disparité. Les premiers Pères de l'Église insistent sur la cacophonie des philosophes. D'une école à l'autre, voilà des gens qui disent tout et leur contraire ! Tatien, dans son *Discours aux Grecs*, les accuse de soutenir tout ce qui leur passe par la tête – comme si les philosophes enseignaient avec inconséquence, par caprice, non par conviction et décision rationnelle. Clément d'Alexandrie, dans les *Stromates*, Eusèbe de Césarée, dans la *Préparation évangélique*, reviennent à de nombreuses reprises sur les désaccords des écoles de pensée grecques.

Le but de ces intellectuels chrétiens est net : opposer l'unité de la révélation, la constance de la parole divine à la multiplicité dissonante de la raison humaine livrée à elle-même, incapable pour eux de discerner la vérité par ses seules forces. Les penseurs sans Dieu ne peuvent donc qu'errer, se contredire les uns les autres, rouler indéfiniment d'une opinion à son contraire. Voilà, en substance, la leçon que veulent faire entendre ceux qui se prétendent dépositaires de la vérité divine, héritiers des Hébreux et disciples du Christ.

En un sens, ils ont raison de mettre l'accent sur l'introuvable unanimité du monde grec. Mais ils se trompent du tout au tout, à mon avis, en y voyant un signe de faiblesse. La multiplicité des voix – diversité des pensées, hétérogénéité des principes, des chemins, des buts – est au contraire ce qui fait la force majeure des Anciens. Leur univers est feuilleté, composé d'une multitude de registres et de strates, d'étages, voire de méandres et de labyrinthes. Il est traversé de querelles perpétuelles. Les disputes y sont interminables.

Cette bigarrure et ces tensions peuvent déconcerter. C'est pourquoi on n'a jamais cessé, au long de l'histoire de la pensée européenne, de fabriquer une unité antique. Un simple inventaire des tactiques employées, bien connues pour la plupart, exigerait un gros livre. Schématiquement : il s'agit toujours de reconstruire la totalité du monde antique à partir d'une seule partie, d'un aspect isolé qu'on aura privilégié – quitte à faire bon marché des éléments qui n'entrent pas dans cette organisation reconstruite. On devra passer sous silence ce qui ne cadre pas avec l'unification choisie. On écartera tantôt les sceptiques, tantôt les matérialistes, ou à l'inverse les mystiques et les idéalistes.

On en vient à scinder le monde en antique, à le transformer en plusieurs : authentique et factice, profond et superficiel, déjà déployé ou encore en réserve. Ce n'est plus à l'univers des Anciens qu'on aura affaire, mais à des planètes distinctes, voire des galaxies concurrentes, inscrites dans des espaces-temps qui s'ignorent réciproquement.

Je suis convaincu qu'il faut au contraire maintenir la disparité, la diversité non réductible. Car c'est là que résident la plus grande étrangeté et sa plus intense force. Le risque, à l'évidence, est celui de la dispersion, de l'éclatement, du morcellement. La question centrale est de chercher en quoi ce multiple, malgré tout, compose un monde.

Tensions, liaisons

Comment fonctionne un univers de tensions s'il doit conserver malgré tout sa cohérence ? Par l'interdépendance des éléments, chacun renvoyant à tous les autres. Là réside à mes yeux la singularité des Anciens.

Cette interdépendance, pour prendre un exemple très simple, est évoquée par les chapitres de ce livre (vivre, penser, s'émouvoir, gouverner, mourir en paix). Impossible de vivre sans penser s'il s'agit de vivre humainement. Impossible de vivre sans s'émouvoir, pas plus que sans gouverner les autres et se gouverner soi-même ni sans avoir fait la paix, autant que faire se peut, avec sa propre mort. Chaque registre ne se constitue que dans sa relation aux autres. La même remarque valant pour tous, chacun à son tour constitue un sommet auquel renvoient les autres. On ne peut s'émouvoir sans penser, sans vivre, sans gouverner, sans mourir en paix.

L'essentiel est la corrélation des registres. Là où nous avons tendance à cloisonner, séparer, isoler, la diversité reliée du monde des Anciens peut nous apprendre qu'aucune question n'est totalement indépendante d'une autre, radicalement coupée du reste. Pas de politique sans affect, pas de raison sans politique, pas de pensée sans finitude. Voilà ce qu'enseignent, continûment et diversement, Socrate, Épicure, Sénèque et tous les autres.

219

Il me semble bien que, chemin faisant, nous avons appris, et compris, d'autres points interdépendants. Sans les conflits, assumés ou esquivés, n'existeraient ni guerre ni sagesse, ni douleurs ni folie. Le monde antique possède un sens aigu des doubles faces – recto-verso, union des opposés. La raison n'est pas séparable d'une méditation sur son absence – dans la vie animale, la démesure ou la folie. Rationnel et irrationnel se pensent ensemble, l'un par rapport à l'autre.

Il en va de même pour temps et éternité, vie et mort, mémoire et oubli, ordre et chaos. Ou bien individu et communauté, amour et haine, guerre et paix, bonheur et malheur, liberté et destin. La liste n'est pas limitative. Chaque fois, les chaînes d'idées sont à maillons doubles. Toutefois, jamais ces chaînes d'idées ne sont fermées sur elles-mêmes. Elles forment des spirales, non des cercles. Parce qu'elles demeurent ouvertes.

L'ignorance et l'amour

L'ignorance maintient cette ouverture. Pas n'importe laquelle, mais cette forme particulière d'ignorance qu'est la conscience de ne pas savoir. Donc le désir de chercher. C'est évidemment à Socrate que l'on songe aussitôt (« tout ce que je sais, c'est que je ne sais rien »), mais tout autant aux premiers physiciens de l'école de Milet, au vi^e siècle avant notre ère, comme aux derniers des néoplatoniciens, au VIe siècle de notre ère. En fait, la remarque vaut pour tous. Car le sentiment premier de n'avoir pas la réponse, d'avoir même perdu les évidences antérieures est toujours ce qui inaugure leurs périples, si divergents qu'ils soient.

Ignorer, ici, n'est évidemment pas un état clos ni une situation stable. C'est l'impulsion qui fait désirer savoir. Un désenchantement premier met en route la pensée. Une tristesse inaugurale incite à la joie de chercher. Le doute a corrodé les réponses admises, défait les croyances précédentes. L'ignorance ouvre au vertige des recherches perpétuelles, car le manque qu'elle signale ne sera jamais comblé, la béance jamais refermée.

Aucune suture ne vient jamais célébrer le dernier jour des recherches. Parce que chaque nouveau savoir accroît l'ignorance. Plus on sait, plus on entrevoit tout ce qu'on ne sait pas encore. Là commence la course infinie : le savoir accroît l'ignorance, qui pousse à savoir, ce qui conduit à plus de savoir, donc à plus encore d'ignorance. Le désir de savoir est par nature insatiable.

C'est en quoi il ressemble à l'amour. Avec l'ignorance, c'est l'autre vecteur d'ouverture et de cohérence de ce monde disparate. À l'évidence, il traverse tout – quiconque a fréquenté les Anciens, même peu, le sait parfaitement. D'Homère aux tragiques, du *Banquet* de Platon à l'appartenance à la cité, de la science à l'ultime instant du trépas, l'amour sous toutes ses formes – amour du corps, de la jouissance, de la patrie, du devoir, du pouvoir, de la vérité, de l'immortalité, du néant... – unit à distance les opposés, aimante et rassemble les éléments disparates, fait circuler les flux entre les pôles antagonistes.

Là encore, on ne fera pas le tri. Faire la fine bouche serait vain ou nocif. C'est sous toutes les formes qu'il convient d'accepter cet insaisissable élément circulant. Amour de Socrate et d'Alcibiade, d'Œdipe et de sa mère, de Philémon et de Baucis – sexe vulgaire et musique des sphères, sympathie des éléments de l'univers et racolage des putes à soldats. Car l'ultime leçon, c'est bien qu'entre négatif et positif la relation, ici, n'est pas celle que l'on croit.

Dans l'Antiquité occidentale est en jeu, en fin de compte, la positivité du négatif. Toujours quelque chose se creuse : des dogmes tombent, des certitudes sont mises à mal, des évidences contredites, des croyances révoquées en doute. La critique n'épargne ni les dieux ni les lois, ni les vertus ni les sentiments, ni la nature ni le sacré.

Car la raison – et l'ignorance, et l'amour – crée un tourbillon, une spirale, une sorte de trou noir où sombrent tour à tour les mythes et les principes, les savoirs et les croyances. En ce sens, le pouvoir de la pensée est corrosif, et destructeur. Il met à bas, une à une, les histoires qu'on se raconte. En ce sens, il y a bien un nihilisme propre à cette civilisation, continûment portée à la démolition de ses propres édifices, acharnée à mettre à l'épreuve ses propres acquis.

Que rien ne demeure à l'abri. Que tout soit exposé à la critique. Que la suspicion n'épargne aucune conviction, n'évite aucune certitude, voilà le cœur du mouvement. Sans doute la réalité historique est-elle plus complexe et plus lente. Elle suit malgré tout, sans conteste, ce mouvement de fond.

Mais son résultat n'est pas ce qu'on imagine. Le paradoxe, c'est la force stimulante de ce nihilisme. Les dogmes sont détruits ? La tolérance et la liberté naissent. Les lois sont critiquées ? La démocratie et le progrès s'installent. Les mœurs anciennes sont bafouées ? L'autonomie des personnes s'annonce. Plus s'effondrent d'anciennes certitudes, plus se constituent de nouvelles libertés. Le corrosif se révèle émancipateur, la destruction stimule de nouveaux processus. En avançant dans cette direction, on devrait mieux saisir comment humanités et humanité ont partie liée.

Pluriel et singulier

On ne s'est pas assez demandé comment, du singulier au pluriel, varie le sens de ce qu'on nomme « humanité ». Avec le pluriel, les humanités, on désigne l'étude des langues grecque et latine, et la lecture des œuvres qu'elles ont produites. Comme chacun sait, le terme « humanisme » est associé à cet immense mouvement culturel qui a entrepris – au XIVe et au XVe siècle en Italie d'abord, puis en

Allemagne, en France et dans toute l'Europe – de faire retour aux textes de l'Antiquité. Il s'agissait de rassembler les textes antiques, de les établir, de les éditer. Les tâches suivantes étaient de les comprendre et de les commenter, éventuellement de les traduire, mais surtout d'en saisir l'esprit et de tenter de le formuler – contre les déformations et les oublis dont la « barbarie » médiévale était jugée responsable.

Ces études ont conservé cette dénomination parce qu'elles sont censées rendre « plus humains » ceux qui s'y livrent. Parce que la place centrale de l'homme est soulignée par bien des auteurs de la Renaissance et que sa dignité est mise en lumière, notamment par le célèbre *Discours de la dignité de l'homme* (1486) de Pic de La Mirandole. Parce que, de manière plus générale, ces études sont censées transmettre une forme singulière de connaissance de l'« humanité ». En quel sens ? De quelle humanité, ici, est-il question ?

Ce n'est pas la collection des individus de l'espèce humaine répartis actuellement sur la planète, ni l'évolution de cette espèce. Humanité, en l'occurrence, n'est pas à comprendre en un sens biologique, démographique ou géographique. Il s'agit d'une nature morale, d'une qualité du lien entre les personnes humaines. Quand on parle de « faire preuve d'humanité », c'est cette notion que l'on a en tête, même sans en connaître le contenu exact.

Cicéron a élaboré clairement l'analyse de cette *humanitas*, qui est une vertu éthique et politique. Ni donnée biologique de l'espèce ni simple penchant psychologique vers le respect d'autrui ou la clémence, l'« humanité » est une disposition morale naturelle à la solidarité envers nos semblables. Elle doit être soutenue, garantie et favorisée par un ordre juridique et politique. Ce que doit garantir la société, du point de vue de Cicéron, c'est la possibilité du développement de cette vertu naturelle d'humanité. La civilisation est une humanisation. Ou bien elle n'est rien.

Allons jusqu'au bout de cette piste. Les humanités contribuent à l'humanisation, voilà le résultat possible. En apprenant grec et latin, en lisant Homère, Hérodote, Platon, Épicure et cent autres, en fréquentant Virgile, Sénèque ou Tacite, on devient plus humain ? Oui, c'est bien cela. Alors, on dira aussitôt : voilà une arrogance exorbitante, un européocentrisme archaïque et infondé, un impérialisme culturel insupportable et risible... Peine perdue : ces imprécations sont sans objet.

Car rien ne dit qu'il existe une seule et unique manière d'être humain. Ni que celle-ci soit la meilleure. Aucune supériorité n'est à revendiquer, mais une singularité. Parler grec et latin, penser avec et dans ces langues, vivre avec les auteurs qu'elles ont portés, c'est effectivement s'inclure dans un certain type de lien humain. Encore une fois, cela ne signifie en aucune manière que ce soit le seul, ni qu'il soit dans une position hiérarchique quelconque envers d'autres manières de faire un monde.

Je n'ai cessé de combattre, pour ma part, la clôture imaginaire de la philosophie dans les seules limites d'une prétendue origine grecque. Cette option « tout grec » – comme on dit « tout nucléaire » – est un mythe moderne, allemand et fallacieux. Toutefois, s'intéresser en philosophe à l'Inde, au bouddhisme, aux traités sanskrits ne signifie en aucune façon se désintéresser du grec et du latin. Qu'il existe une multitude de textes proprement philosophiques en sanskrit, en chinois, en hébreu, en arabe, en persan, voilà qui invalide la ridicule prétention d'un privilège absolu du grec.

Mais cela ne supprime pas pour autant la singularité gréco-latine. Défaire la clôture culturelle, critiquer les mythes de suprématie, lutter contre la surestimation du destin occidental ne revient pas à récuser tout mérite ou toute singularité à l'Antiquité grecque et romaine. Il faut le redire. Ce devrait être inutile, tant cela va de soi. Pourtant, dans la confusion ambiante, mieux vaut préciser l'évidence.

Réinventer le voyage

Pour les humanités, tout va mal. L'enseignement des langues anciennes se réduit d'année en année. Des lycées, l'effondrement a gagné l'université. Il touche à présent la formation et le recrutement des professeurs, et la recherche. Pas besoin d'être catastrophiste pour craindre le pire. Un nouvel âge obscur est possible, voire probable. Rien n'exclut qu'on ne sache presque plus, dans peu de générations, le grec ancien ou même le latin. Certes, rien ne mourra tout à fait : les vieux textes en ont vu d'autres. Ils savent rester tapis des siècles dans les moisissures et l'oubli. Mais on vivra sans eux. Beaucoup moins bien. Beaucoup moins humains.

Face à cette éventualité, toutes les mobilisations sont utiles. Individuelles, associatives, professionnelles. Tous les moyens sont à conjuguer. Je souhaite que ces résistances aient l'ampleur nécessaire et l'intelligence requise, sans oublier la ténacité qu'il faut. À dire vrai, je doute. Non de la résolution des antiquisants ou de la détermination des derniers humanistes, mais de leur nombre, et de leur poids.

Les humanités, combien de divisions ? Peu, somme toute. De moins en moins. En comparaison des puissances d'oubli, presque rien. Au regard de l'inhumanité courante, zéro. Le plus grave, toutefois, n'est pas le manque de moyens ou d'audience, mais ce qu'il y a derrière : une carence de l'imaginaire. Socialement, notre représentation de l'Antiquité est en panne. Les Anciens sont au chômage. Ce ne sont plus des modèles, ni des héros. Ni objets de désir ni sujets de curiosité, ils se fondent dans la brume culturelle.

Malgré tout, et contre toute raison, il me semble que désespérer n'est pas obligatoire. Au contraire. Il se pourrait même que le principe de la positivité du négatif s'applique à la situation présente. Les Anciens n'ont plus de rôle à tenir ? C'est le moment de les réinventer. Ils ne sont plus appris par cœur ? C'est qu'ils sont en ligne, disponibles sur le Web, de partout et pour tous, gratuitement. Nous sommes en train de devenir des barbares ? Raison de plus pour piller les trésors antiques, sans respect, sans règles.

Des génies que l'on tutoie, des itinéraires personnels innombrables, des Anciens en couleurs, lointains mais proches... peut-être est-ce l'esquisse d'une autre histoire. Rien n'empêche qu'elle commence aujourd'hui. Pour qui le voudra vraiment.

Indications bibliographiques

Le libre parcours de ce livre n'en fait ni un manuel ni un travail de recherche, comme je l'ai souligné dès le début. On trouvera presque uniquement, dans les brèves indications qui suivent, les références des ouvrages auxquels le texte fait allusion, classées chapitre par chapitre. J'y ai ajouté un tout petit nombre d'indications complémentaires, choisies parmi des publications innombrables.

Lire les grandes œuvres de l'Antiquité est rendu plus facile aujourd'hui par l'accessibilité des collections de poche, où de plus en plus souvent le texte original figure en regard de la traduction. Le lecteur francophone se reportera par exemple aux collections « Classiques en poche » (Les Belles Lettres), « Points bilingue » (Seuil), ainsi qu'aux catalogues abondants de GF-Flammarion, Le Livre de Poche, Folio Gallimard, etc.

Il est également facile d'accéder gratuitement à une multitude de textes et de traductions en ligne, notamment sur les sites de BCS, Perseus, Digital Library. Il faut toutefois veiller à la date et à la pertinence des traductions, de nombreux sites mettant en ligne des traductions anciennes de mauvaise qualité.

Pour ceux qui pratiquent les langues anciennes, *TLG on line* pour les textes grecs et pour le latin *Library of Latin Texts* (Brepols) sont les meilleurs outils. L'abonnement est payant, mais ces sources sont accessibles aussi par le biais des abonnements de diverses bibliothèques.

Pour une toute première approche, il existe en langue française de bonnes anthologies, par exemple, pour les textes grecs, *La Grèce antique. Les plus beaux textes d'Homère à Origène*, sous la direction de Jacqueline de Romilly (Bayard, 2003), et pour les textes grecs et latins *Bibliothèque classique idéale. De Homère à Marc Aurèle* (Les Belles Lettres, 2007).

Introduction. Colorer le marbre

Parmi les ouvrages traitant de notre rapport aux Anciens, et de l'évolution historique de cette notion, on se reportera en premier lieu à François Hartog, *Anciens, Modernes, Sauvages* (Galaade, 2005, rééd. Points, 2008), à l'essai de Giuseppe Cambiano, *Le Retour des Anciens* (Belin, 1994) et aux réflexions critiques, voire caustiques, de Marcel Detienne dans *Les Grecs et nous* (Perrin, Tempus, 2009).

On peut également lire un collectif abordant de manière interdisciplinaire les diverses questions de notre rapport à l'Antiquité *Les Grecs, les Romains et nous. L'Antiquité est-elle moderne ?*, sous la direction de Roger-Pol Droit (avec la participation de Rémi Brague, Jacques Brunschwig, Barbara Cassin, Cornelius Castoriadis, Miche Deguy, Marcel Detienne, François Hartog, Christiane Ingremeau, Marie-Dominique Joffre, Bertrand Lançon, Nicole Loraux, Jean-François Mattéi, Edgar Morin, Christian Morin, Christian Nicolas, Maurice Olender, Jocelyne Peigney, Jean Pépin, Jean-Dominique Polack, Giulia Sissa, Emmanuel Terray, Alexandre Tourraix, Jean-Pierre Vernant, Paul Veyne), Deuxième Forum Le Monde-Le Mans (Le Monde Éditions, 1991).

1. Découvrir les gestes quotidiens
Homère, Virgile

On trouvera en ligne, sur le site Gallica de la BNF, la traduction de Leconte de Lisle. Il existe de nombreuses éditions d'Homère au format de poche, intégrales ou partielles.

Sur la place incomparable occupée par Homère dans l'éducation grecque, on peut se reporter aux premiers chapitres du livre classique d'Henri-Irénée Marrou, *Histoire de l'éducation dans l'Antiquité* (Seuil, 1948), sur la persistance de son influence jusqu'aux dernières générations de l'Empire, voir Peter Brown, *Pouvoir et persuasion dans l'Antiquité tardive* (Seuil, 1998).

Pour Virgile, voir l'originale traduction de l'*Énéide* par Pierre Klossowski (Gallimard, 1964).

L'essai de Rémi Brague *Europe, la voie romaine* a été réédité chez Gallimard (« Folio Essais », 1999).

Sur Jordanès et l'histoire des Goths, voir *Rome et les Goths. IIIe-Ve siècle, invasions et intégration* de Michaël Kulikowski (Autrement, 2009).

L'ouvrage de Jean-Pierre Vernant *L'Individu, la Mort, l'Amour. Soi-même et l'autre en Grèce ancienne* est paru chez Gallimard en 1989.

2. Comme un dieu parmi les hommes
Épicure, Zénon de Citium, Pyrrhon

L'édition la plus commode d'Épicure est celle de Marcel Conche, *Épicure. Lettres et maximes* (PUF, 2005).

Sur les premiers stoïciens, on se reportera au volume *Les Stoïciens* de la « Bibliothèque de la Pléiade », sous la direction de Pierre-Maxime Schuhl (Gallimard, 1964) et, parmi les ouvrages d'initiation, à l'excellent petit livre de Frédérique Ildefonse, *Zénon, Cléanthe, Chrysippe* (Les Belles Lettres, 2000).

Sur les sceptiques, il faut avoir lu l'étude classique de Victor Brochard, *Les Sceptiques grecs* (1887, rééd. 2002), et celle de Marcel Conche, *Pyrrhon ou l'Apparence* (PUF, 1994).

3. Écouter la vérité
Héraclite, Démocrite

Pour les présocratiques, l'outil de travail le plus simple est le volume de la « Bibliothèque de la Pléiade », *Les Présocratiques*, sous la direction de Jean-Paul Dumont (Gallimard, 1988).

L'édition d'Héraclite par Marcel Conche est très utile : *Héraclite. Fragments. Traduction et commentaire* (PUF, 1994).

Sur Démocrite, voir Jean Salem, *Démocrite. Grains de poussière dans un rayon de soleil* (Vrin, 1996).

4. Garder la tête ouverte
Platon, Aristote, Sextus Empiricus

Les œuvres complètes de Platon ont fait l'objet d'une série de nouvelles traductions récentes, sous la direction de Luc Brisson, dans la collection

GF-Flammarion. Elles ont été également regroupées en un seul volume (Flammarion, 2008).

Des traductions récentes des œuvres majeures d'Aristote sont également disponibles dans la collection de poche GF-Flammarion.

Les traités de Sextus Empiricus ont été traduits et présentés par Pierre Pellegrin dans la collection « Points » (Seuil).

5. Traverser la douleur
Eschyle, Sophocle

Sur la bataille de Salamine et les raisons de la victoire grecque, et plus généralement sur les causes culturelles de la supériorité meurtrière de l'Occident, voir le livre original de Victor Davis Hanson, *Carnage et culture. Les grandes batailles qui ont fait l'Occident* (Flammarion, 2002).

Le livre posthume du philosophe Jean-Toussaint Desanti où figure l'analyse de *Philoctète* de Sophocle s'intitule *La Peau des mots. Réflexion sur la question éthique* (Seuil, 2004).

L'essai de Pierre Judet de la Combe, *Les tragédies grecques sont-elles tragiques ?*, est paru aux éditions Bayard en 2010.

6. Rire de soi
Aristophane, Lucien

Sur les styles du comique, leur unité et leur diversité, un intéressant recueil d'études a été publié sous le titre *Le Rire des Anciens*, sous la direction de Monique Trédé et Philippe Hoffmann (Presses de l'École normale supérieure, 1998).

Plusieurs éditions des textes de Lucien sont disponibles en français au format de poche. Particulièrement recommandables sont les nouvelles traductions réalisées par Anne-Marie Ozanam pour la collection « Classiques en poche » (Les Belles Lettres).

7. Se laisser déstabiliser
Socrate, Diogène

Pour rencontrer deux interprétations récentes de la figure de Socrate, on lira les livres de François Roustang, *Le Secret de Socrate pour changer la vie*

(Odile Jacob, 2009), et d'André Glucksmann, *Les Deux Chemins de la philosophie* (Plon, 2009).

Sur Diogène et les cyniques, pour une première information, on se reportera au recueil de fragments et témoignages réunis et traduits par Léonce Paquet, *Les Cyniques grecs* (Le Livre de Poche, 1992). Pour une analyse philosophique, voir *L'Ascèse cynique*, de Marie-Odile Goulet-Cazé (Vrin, 1986).

L'interprétation du cynisme antique par Michel Foucault se trouve dans son dernier cours du Collège de France, *Le Courage de la vérité. Le gouvernement de soi et des autres, 2. Cours du Collège de France (1983-1984)*, édition établie sous la direction de François Ewald et Alessandro Fontana par Frédéric Gros (Seuil-Gallimard-Hautes Études, 2009).

8. Parler pour convaincre
Démosthène, Cicéron

Sur Démosthène, une bonne étude est celle de Paul Cloché, *Démosthènes (sic) et la fin de la démocratie athénienne* (Payot, 1937).

Les paroles de Nicole Loraux que je cite proviennent d'un entretien qu'elle m'avait accordé. Publié par *Le Monde* le 13 septembre 1994, cet entretien a été repris dans mon livre *La Compagnie des contemporains* (Odile Jacob, 2002).

Sur l'*humanitas* chez Cicéron, voir Claudia Moatti, *La Raison de Rome. Naissance de l'esprit critique à la fin de la République* (Seuil, 1997).

9. Savoir le prix du temps
Hérodote, Thucydide

Les différences de méthodes et de perspective entre historiens antiques et modernes font l'objet d'une intéressante analyse dans les études de Guy Lachenaud, *Promettre et écrire. Essais sur l'historiographie des Anciens*, Presses universitaires de Rennes, 2004.

Sur le présentisme, voir le livre de François Hartog, *Régimes d'historicité. Présentisme et expériences du temps* (Seuil, 2003), et sur le court-termisme, l'essai de Jean-Louis Servan-Schreiber, *Trop vite ! Pourquoi nous sommes prisonniers du court terme* (Albin Michel, 2010).

Sur Hérodote, les études les plus éclairantes sont celles de François Hartog, *Le Miroir d'Hérodote. Essai sur la représentation de l'Autre* (Gallimard,

233

« Folio », 2001), et *Mémoire d'Ulysse. Récits sur la frontière en Grèce ancienne* (Gallimard, « Les Essais », 1996).

Sur Thucydide, on doit se reporter aux traductions et multiples travaux de Jacqueline de Romilly.

10. Partir sans regrets
Calanos, Sénèque

Sur Calanos, voir la *Vie d'Alexandre* de Plutarque, *in Vies parallèles* (Gallimard, « Quarto », 2008), et les indications sur les relations entre Inde et Grèce que je donne dans le chapitre 6 de *Généalogie des barbares* (Odile Jacob, 2007).

Sur Sénèque, voir la remarquable édition donnée par Paul Veyne de ses entretiens et des *Lettres à Lucilius* (Robert Laffont, « Bouquins », 2004).

Remerciements

Je tiens à dire ma gratitude, toujours vive, aux maîtres qui m'ont appris, de l'enfance à la jeunesse, latin et grec.

Je remercie également les étudiants de mon séminaire 2009-2010 à Sciences-Po (*Qui sont les Anciens ?*) qui m'ont aidé de leur attention et de leurs questions.

Je suis reconnaissant à Michèle Bajau de l'aide précieuse qu'elle m'a apportée dans la saisie du manuscrit.

Ce livre n'aurait pas existé sans l'attention constante de ma compagne, Monique Atlan, à qui je dois bien plus.

TABLE DES MATIÈRES

DU MÊME AUTEUR
(www.rpdroit.com)

Enquêtes philosophiques

L'Oubli de l'Inde. Une amnésie philosophique, Presses universitaires de France, 1989. Nouvelle édition revue et corrigée, Le Livre de Poche, « Biblio-Essais », 1992. Réédition Seuil, « Points Essais », 2004.
Le Culte du Néant. Les philosophes et le Bouddha, Seuil, 1997. Réédition Seuil, « Points Essais », 2004.
Généalogie des barbares, Odile Jacob, 2007.
Les Héros de la sagesse, Plon, 2009.
Le Silence du Bouddha, Hermann, 2010.

Explications philosophiques

La Compagnie des philosophes, Odile Jacob, 1998. Réédition « Poche Odile Jacob », 2002 ; Odile Jacob, « Bibliothèque », 2010.
La Compagnie des contemporains. Rencontres avec des penseurs d'aujourd'hui, Odile Jacob, 2002.
Les Religions expliquées à ma fille, Seuil, 2000.
La Philosophie expliquée à ma fille, Seuil, 2004.
L'Occident expliqué à tout le monde, Seuil, 2008.
L'Éthique expliquée à tout le monde, Seuil 2009.
Une brève histoire de la philosophie, Flammarion, 2008, Grand Prix du Livre des professeurs et maîtres de conférences de Sciences-Po 2009.
Osez parler philo avec vos enfants, Bayard, 2010.

Expériences et contes philosophiques

101 Expériences de philosophie quotidienne, Odile Jacob, 2001, prix de l'essai France Télévisions 2001. Réédition « Poche Odile Jacob », 2003.

Dernières nouvelles des choses. Une expérience philosophique, Odile Jacob, 2003. Réédition « Poche Odile Jacob », 2005.

Votre vie sera parfaite. Gourous et charlatans, Odile Jacob, 2005.

Un si léger cauchemar (fiction), Flammarion, 2007.

Où sont les ânes au Mali ?, Seuil, 2008.

Ouvrages en collaboration

La Chasse au bonheur, avec Antoine Gallien, Calmann-Lévy, 1972.

La Réalité sexuelle. Enquête sur la misère sexuelle en France, avec Antoine Gallien, préface du Dr Pierre Simon, Robert Laffont, 1974.

Philosophie, France, XIXᵉ siècle. Écrits et opuscules, avec Stéphane Douailler et Patrice Vermeren, Le Livre de Poche, « Classiques de la philosophie », 1994.

Des idées qui viennent, avec Dan Sperber, Odile Jacob, 1999.

Le Clonage humain, avec Henri Atlan, Marc Augé, Mireille Delmas-Marty, Nadine Fresco, Seuil, 1999.

La liberté nous aime encore, avec Dominique Desanti et Jean-Toussaint Desanti, Odile Jacob, 2002. Réédition « Poche Odile Jacob », 2004.

Fous comme des sages. Scènes grecques et romaines, avec Jean-Philippe de Tonnac, Seuil, 2002. Réédition Seuil, « Points », 2006.

Michel Foucault, entretiens, Odile Jacob, 2004.

Chemins qui mènent ailleurs. Dialogues philosophiques, avec Henri Atlan, Stock, 2005.

Vivre toujours plus ?, avec Axel Kahn, Bayard, 2008.

Le Banquier et le Philosophe, avec François Henrot, Plon, 2010.

Direction d'ouvrages collectifs

Présences de Schopenhauer, Grasset, 1989. Réédition Le Livre de Poche, « Biblio-Essais », 1991.

Science et philosophie, pour quoi faire ?, Premier Forum Le Monde-Le Mans, Le Monde Éditions, 1990.

Les Grecs, les Romains et nous. L'Antiquité est-elle moderne ?, Deuxième Forum Le Monde-Le Mans, Le Monde Éditions, 1991.

Comment penser l'argent ?, Troisième Forum Le Monde-Le Mans, Le Monde Éditions, 1992.

L'art est-il une connaissance ?, Quatrième Forum Le Monde-Le Mans, Le Monde Éditions, 1993.

Où est le bonheur ?, Cinquième Forum Le Monde-Le Mans, Le Monde Éditions, 1994.

L'Avenir aujourd'hui. Dépend-il de nous ?, Sixième Forum Le Monde-Le Mans, Le Monde Éditions, 1995.

Philosophie et démocratie dans le monde. Une enquête de l'Unesco, préface de Federico Mayor, Le Livre de Poche – Éditions Unesco, 1995.

Jusqu'où tolérer ?, Septième Forum Le Monde-Le Mans, Le Monde Éditions, 1996.

Agir pour les droits de l'homme au XXIe siècle (en collaboration avec Federico Mayor), Éditions Unesco, 1998.

Lettres aux générations futures (en collaboration avec Federico Mayor), Éditions Unesco, 1999.

Philosophie/lycée, Éditions de la Cité, « Manuel Plus », 2000. Réédition revue et augmentée Bordas, 2004.

L'Humanité toujours à construire. Regard sur l'histoire intellectuelle de l'Unesco 1945-2005, Unesco, 2005.

Philosophies d'ailleurs, Hermann, 2009, 2 volumes.

Cet ouvrage a été transcodé et mis en pages chez Nord Compo (Villeneuve-d'Ascq) et achevé d'imprimer sur Roto-Page par l'Imprimerie Floch à Mayenne en octobre 2010
N° d'impression : 77705. N° d'édition : 7381-2520-X
Dépôt légal : octobre 2010
Imprimé en France